JN081692

INTRODUCTION TO LEGAL AND ADMINISTRATIVE SYSTEMS FOR CERTIFIED PUBLIC PSYCHOLOGISTS

Medical and Health Are

深掘り！
関係行政論
保健・医療分野

公認心理師必携

髙坂康雅 [編著]

末木　新／小松賢亮 [著]

北大路書房

は し が き

　心理学界念願の心理職の国家資格「公認心理師」が誕生して，早5年が経った。公認心理師は，心理の専門的な知識と技術をもって国民の心の健康の保持増進に寄与することが求められており，保健・医療，福祉，教育，司法・犯罪，産業・労働という主要5分野を中心に，広く活躍することが求められている。2023年9月末時点では，7万1,648人が公認心理師として登録されており，心の健康に関する支援に携わっている。本書は，保健・医療分野で心理職として働く際に知っておいてもらいたい法律やガイドラインについて説明するとともに，保健・医療分野の現状を把握するためのデータの紹介，事例を通して保健・医療分野における支援の視点や方法などについて説明したものである。

　保健・医療分野は，心理職が携わる主要な分野のひとつとして位置づけられ，実際に多くの心理職が病院・診療所や精神保健福祉センターなどで働いている。かつては，うつ病や統合失調症のような精神疾患や知的障害などを有する（と思われる）者に対して心理検査を行ったり，認知行動療法や家族療法などの心理療法を行ったりすることが主な仕事・役割であったように思われる。しかし，近年では，保健・医療分野の心理職の働き方にも変化が生じているように感じられる。

　1つ目は，予防の視点がより重視されるようになったことである。精神疾患になった者に対して，その症状や経過などをアセスメントし，適切な支援を行っていくことも変わらず重要であるが，それに加えて，精神疾患になることを予防するために必要な情報提供や心理教育を行うことが求められるようになっている。そのためには，「クライエントが来るのを待つ」姿勢から，「自ら出向く，発信する」姿勢が求められるようになってきているといえる。関係機関と積極的な情報共有や連携も必要であろうし，自らが主体となって研修会や講演会な

どを開催することも求められる。時には「当事者の会」「関係者の会」などを立ち上げ，運営することも，予防という観点に立つと有益な場合がある。このような「自ら出向く，発信する」姿勢に立った新たな心理職像が求められていると感じている。

　2つ目は，心理職が支援したり対応したりする者の範囲の広がりである。実際に広がったというよりは，もともと支援・対応していた者がより明確に意識されるようになったというほうが適切かもしれない。保健・医療分野の心理職が支援・対応する者としては，精神疾患を有する者とその家族等関係者がいることは想像しやすいであろう。今や当然のように支援の対象となっている「発達障害」は，1990年ころから広まったとされており，そのころの心理職はその支援に苦慮したことであろうと推測される（現在も苦慮しているのは変わらないが）。1995年の阪神淡路大震災や2011年の東日本大震災など大きな災害が起こるたびに，被災者に対する心理的支援の重要性が叫ばれ，現在では保健・医療分野の心理支援におけるひとつの重大なテーマとなっている。自殺者数やひきこもり・閉じこもり者数，認知症患者数の増加などもここ数年取り上げられているテーマであり，これまで以上に心理的な支援が求められている。アルコールや薬物，ギャンブルなどへの依存症も，増加しているとはいえないものの，長年支援が求められている領域であり，近年ではインターネットやゲームという新しい対象への依存症もみられている。また，がんや慢性腎臓病のような身体疾患患者，終末期の緩和ケア，産前・産後の女性など，精神疾患は有していないが，心理的なリスクを有する者への支援も求められており，保健・医療分野の心理職は今まで以上に幅広い知識をもって支援にあたらなければならない。

　3つ目は，「チーム医療」の推進である。これも病院などでは当然のことであるが，心理職は保健・医療分野で一人で働いているわけではない。医師や看護師，薬剤師，栄養士，保健師，助産師，理学療法士，ソーシャルワーカーなどさまざまな専門職と情報共有や連携をして働かなければならない。そのためには，それぞれの専門職がどのような業務を担うのか，どのような倫理規範で働いているのかなど，他の専

門職についても理解が必要であり，また連携のための心構えやスキル
も必要となってくる。心理職自ら，それぞれの専門職のもとに行き，
働き方などを教えてもらうとともに，心理の専門家として助言などを
することも必要となってくる。このような働き方が，公認心理師ができ
きたことによって，より強調されるようになってきた，あるいはより
明確になってきたと考えられる。

　本書では，このような状況を鑑み，保健・医療分野で心理職として
働くために知っておくべき法律やガイドラインなどを詳細に解説して
いる。また，各章に掲載されている各種統計を通して，現在の保健・
医療分野における現状や課題を理解することができる。これらを読む
ことで，保健・医療分野で働きたいと考える公認心理師（あるいは公認心
理師を目指す大学生・大学院生）が，その決意を新たにし，実際に活躍してく
れることを期待している。もちろん，すでに保健・医療分野で活躍し
ている心理職においても，情報のアップデートや現状把握，新たな視
点の獲得のため，本書を手にとってもらいたい。

　各章には事例を示し，事例を通して実際の支援の在り方について解
説している。また，法令やガイドラインなどだけでは足りない支援に
必要な知見や考え方も示している。

　支援の在り方については，ここで示したものが「正解」というわけ
ではない。また，解説のように常に支援がうまくいくわけでもない。
むしろ，うまくいかなかったり，順調に進まなかったりするほうが多
いかもしれない。そのようななかで，どのように考えればいいのか，
誰と連携・協働すればよいのかなど柔軟に考え，積極的に関わりをも
つことが求められる。

　各章の最後には，「ワーク」を設けた。「ワーク」は事例を示し，〈①
考えてみよう！〉〈②話し合ってみよう！〉〈③ロールプレイをしてみ
よう！〉という3つの課題で構成されている。〈①考えてみよう！〉
は自分で調べたり考えたりするための課題である。〈②話し合ってみ
よう！〉は，グループでディスカッションするための課題である。
〈③ロールプレイをしてみよう！〉は，要支援者（精神疾患患者など）やそ

の家族等の関係者など，示されている人物になりきって，実際に演じてみる課題である。いずれも，大学・大学院の授業や各種研修会で活用することも想定して作成したものであり，活用していただければ，保健・医療分野における支援について理解が深まると考えている。なお，ロールプレイについては，以下のルールを徹底して行うことが有効である。

【ロールプレイのルール】

①性別・年齢・立場・気持ち・言葉づかいなど，できる限りその役割になりきる。
②役割になっている相手のことを笑ったりせず，相手をその役割そのものとして扱う。
③前提条件・設定には従い，勝手に変えたりしない。
④前提条件・設定に書かれていない部分は想像をもって補う。ただし，その想像は，前提条件・設定に照らして妥当な範囲で行い，過剰な想像（妄想）は行わない。
⑤前提条件・設定には書かれておらず，また想像することも難しければ，「わからない・不明」という判断をしてもかまわない。
⑥ファシリテーター（授業担当教員，研修担当講師など）の判断で，事例をより詳細に設定したり，役割を増減させたりしてもかまわない。

なお，これらの事例はすべて仮想のものであり，人名や内容などは実在したものではない。

本書を通して習得した知識などを活用して，保健・医療分野で活躍できる公認心理師がいっそう増えること，それにより，国民のメンタルヘルスの向上と精神疾患等への予防・啓発が発展することを心より願っている。

日々暗くなるのが早くなる秋の黄昏時に
髙坂康雅

公認心理師と保健・医療分野

公認心理師法

うつ病や統合失調症のような精神疾患，認知症や依存症への支援など，保健・医療分野は最も心理職が活躍している分野のひとつである。また，近年では，発達障害（神経発達症），ひきこもり，がん患者などの緩和ケア，終末期の患者への心理的ケアとその家族などに対するグリーフケア，HIV 感染症による AIDS（後天性免疫不全症候群）患者への支援，LGBTQ ＋などと呼ばれるセクシュアル・マイノリティの人への支援など，心理支援のニーズは高まる一方である。また，実際に精神疾患を発症した者などに対する支援だけでなく，精神疾患を発症しないようにするための予防，発達障害児・者やセクシュアル・マイノリティの人などが日常や社会で生きやすくなるための環境調整，啓発活動など，保健・医療分野で心理職に求められる内容は多岐にわたっている。

このような状況のなかで，心理職初の国家資格である公認心理師について定めた公認心理師法が 2015 年 9 月に制定，2017 年に施行された。2023 年 9 月末時点で 71,648 名が公認心理師となっている（心理研修センター，2023）。ここでは，公認心理師とはどのような資格なのかを公認心理師法に基づいて説明するとともに，保健・医療分野で働く公認心理師について紹介していく。

1. 公認心理師とは何か

公認心理師は，公認心理師法に規定された国家資格である。公認心

理師法第1条では，「この法律は，公認心理師の資格を定めて，その業務の適正を図り，もって国民の心の健康の保持増進に寄与することを目的とする。」と規定している。ここから，公認心理師には，精神疾患や障害を有した者への治療や支援だけではなく，精神疾患や障害を有することがないようにするための予防的対応や，そのような兆候がみられる者の早期発見・早期対応などを行い，国民の心の健康の保持増進に努めることが求められている。

　公認心理師の具体的な職務（業）については，公認心理師法第2条に4つが規定されている。

第2条　この法律において「公認心理師」とは，第28条の登録を受け，公認心理師の名称を用いて，保健医療，福祉，教育その他の分野において，心理学に関する専門的知識及び技術をもって，次に掲げる行為を行うことを業とする者をいう。
　一　心理に関する支援を要する者の心理状態を観察し，その結果を分析すること。
　二　心理に関する支援を要する者に対し，その心理に関する相談に応じ，助言，指導その他の援助を行うこと。
　三　心理に関する支援を要する者の関係者に対し，その相談に応じ，助言，指導その他の援助を行うこと。
　四　心の健康に関する知識の普及を図るための教育及び情報の提供を行うこと。

（公認心理師法　第2条）

　第2条第一号は，心理的アセスメントと呼ばれるものである。アセスメントとは，観察や面接，心理検査，関係者などからの情報の聞き取り・収集などを通して，心理に関する支援を要する者（以下，要支援者）の心理状態を把握・分析・解釈し，それらを整理することである。単に，何ができて何ができないかを明らかにしたり，平均や一般に比べて優れているか劣っているかを評価したりするだけでなく，そこから要支援者自身の自助資源や援助ニーズを見いだしたり，どのような支援を行ったり環境を提供すれば要支援者が一層生活しやすくなるかなど，今後の支援計画を立案するためにおこなわれるものである。

　第二号は要支援者に対する相談や助言，第三号は要支援者の関係者に対する相談や助言である。必ずしも「カウンセリング」や「心理療

法」など狭義の支援だけではなく，情報提供や環境調整，適切な他の相談機関などの紹介（リファー），コンサルテーションなどを含めた広義の支援を意味している。要支援者の関係者とは，要支援者が子どもであれば保護者・家族や教師などが含まれるであろうし，大人であれば配偶者・家族や勤務先の上司・同僚，施設などを利用している場合にはその施設の職員などが含まれる。公認心理師がこれら関係者に対して一方的に助言をするというよりは，それぞれがもっている情報を共有し，要支援者に統一的な方針をもって対応できるようにするなど，チーム援助を念頭に行われるべきである。

　第四号は，心理教育や心の健康教育などと呼ばれるものである。心の健康に関する講演や研修を行ったり，ソーシャル・スキルズ・トレーニング（SST）やアンガーマネジメント，リラクセーション法など具体的な方法を伝え，また実践したりすることなどが含まれる。このような心理教育などを行うことで，国民が心の健康に意識を向け，精神疾患や障害などを予防するための行動をし，その結果として，心の健康の保持増進につながっていくのである。精神疾患や障害などについては，正しく理解されず，偏見をもっている者もいる。公認心理師がエビデンスに基づいた正確な知識を伝えることは，精神疾患や障害を有する当事者だけではなく，関係者にとっても当事者を正しく理解することにつながり，それによって当事者も生活しやすくなるのである。

　公認心理師には，このような職務（業）を行うなかで，以下の4つの義務が規定されている。

> 第40条　公認心理師は，公認心理師の信用を傷つけるような行為をしてはならない。
> 第41条　公認心理師は，正当な理由がなく，その業務に関して知り得た人の秘密を漏らしてはならない。公認心理師でなくなった後においても，同様とする。
> 第42条　公認心理師は，その業務を行うに当たっては，その担当する者に対し，保健医療，福祉，教育等が密接な連携の下で総合的かつ適切に提供されるよう，これらを提供する者その他の関係者等との連携を保たなければならない。

第40条は，**信用失墜行為の禁止**と呼ばれるものであり，公認心理師の信用を傷つけるような言動を禁じたものである。人事院が作成した『義務違反防止ハンドブック―服務規律の保持のために―』（人事院, 2023）では，信用失墜行為には，職務上の行為だけではなく，勤務時間外の私生活上の行為も含まれるとされている。また，暴行，窃盗，横領など犯罪行為だけではなく，セクシュアル・ハラスメントなどの行為や，SNSにおいて職務遂行に支障を来しかねない不適切な内容や差別を肯定するような内容を投稿することも信用失墜行為に含まれる。このハンドブックは国家公務員の服務について解説したものであるが，このような信用失墜行為の考え方は，公認心理師にも適用されると考えられる。公認心理師が信用失墜行為を行った場合には，登録の取消しや名称使用の停止のような行政処分が科せられることがある（公認心理師法第32条）。

第41条は**秘密保持義務**（守秘義務）である。秘密保持義務は公務員や医師，弁護士，精神保健福祉士，各福祉施設職員，学校の教職員など多くの国家資格や職種において求められ，また義務とされているものである。秘密保持義務が守られなければ，要支援者は安心して公認心理師に秘密を話すことができなくなり，結果として要支援者や国民全体にとっても不利益となる。特に公認心理師をはじめとした心理職は，要支援者のプライバシーや秘密など，他者には打ち明けない／打ち明けたくないことを知る機会が多いため，秘密保持義務を厳守することは，心理職の基本であり，最も重要なことである。なお，公認心理師が秘密保持義務に違反した場合は，1年以下の懲役または30万円以下の罰金に処せられることがあり（公認心理師法第46条），公認心理

師の登録の取消しまたは名称使用の停止のような行政処分が科されることがある（公認心理師法第32条）。

第42条は，多職種との連携に関わる規定である。公認心理師は，医療分野や福祉分野，教育分野などで働くことになり，そこにはそれぞれの専門職がいる。そのような専門職と連携・協働することは，要支援者に対する理解を深め，支援をより効果的に行うことができるようになる。特に，医療との連携は重視されており，第2項では主治医の指示を受けなければならないとされている。連携を行わなかったことによる罰則や行政処分は規定されていないが，第2項の主治の医師との連携を十分に行わなかった場合には，公認心理師の登録の取消しまたは名称使用の停止のような行政処分が科されることがある（公認心理師法第32条）。

第43条は資質向上の責務と呼ばれるものである。公認心理師資格には更新制度がなく，公認心理師試験（国家資格）に合格し，登録簿に登録されると，登録取り消しにならない限り，ずっと公認心理師のままである。しかし，心の健康に関わる状況は刻々と変化し，また心理支援に必要な知識や心理支援で用いられる技法は次々と新しいものが生み出されている。要支援者に対して適切な支援を行うためには，そのような情報のアップデートや技術の研鑽などが必要なのである。

公認心理師は，「**名称独占資格**」である。診断や手術のような〈医行為〉は医師しか行うことができず，このようにある資格を有する者にしか特定の行為を行うことが認められていない資格を「**業務独占資格**」と呼ぶ（ほかに，弁護士，公認会計士，美容師など）。一方，リハビリテーションなどを行う国家資格に理学療法士や作業療法士があるが，理学療法士や作業療法士でなくても，リハビリテーションを行うことは可能であり，法的にも問題はない。しかし，理学療法士の資格をもたないものが「理学療法士」と名乗り，作業療法士の資格をもたないものが「作業療法士」と名乗ることはできない（法的に罰則がある）。このようにその資格の名称を使用することはできないが，その資格をもたないものがその資格を有する者と同等の行為を行うことが認められている資格を「名称独占資格」と呼ぶ。公認心理師は名称独占資格であるた

め，公認心理師の資格をもっていなくても，心理検査を実施したり，心理療法やカウンセリングを行ったりしても問題はない。しかし，公認心理師が国家試験を経て得られる国家資格であることから，公認心理師資格を有していない者よりも心理学や心理支援に関する知識，心理検査や心理支援に関する技術をなどを有しており，また少なくとも，有していることが期待されている。そうすることで，公認心理師が国民の心の健康の保持増進に努めることができるとともに，社会的な信頼を得て，責任を果たすことができるようになるのである。

2. 保健・医療分野で働く公認心理師

　保健・医療分野で働く公認心理師は実際にはどのような形で働いているのであろうか。日本公認心理師協会 (2021) が 2020 年に実施した調査では，公認心理師の専門性に基づく活動を行っていると回答した 13,000 人のうち，保健・医療分野を主たる活動分野と回答したものは 3,927 名であり，回答者のうちの 30.2% を占め，最も多かった。

　また，保健・医療分野で働く公認心理師 (兼務含む) の 30.3% は「病院：精神科病院 (単科精神科・精神科主体)」で働いており，25.9% は「病院：一般病院 (総合病院・身体科主体)」で，23.1% は「一般診療所：精神科を専門とする (精神科主体)」で働いていた。このように，保健・医療分野で働く公認心理師の多くは病院で勤務している。一方，わずかではあるが「保健所・保健センター」(12.2%)，「精神保健福祉センター」(3.2%)，「介護老人保健施設」(0.8%) などで働いている公認心理師もいる。

　保健・医療分野で働く公認心理師が携わる支援・活動などの対象 (ライフサイクル・問題など) は多岐にわたる (表 0-1)。また，公認心理師が心理面接・カウンセリングなどで対象とする障害・疾患等も実にさまざまである (表 0-2)。これらをみると，保健・医療分野で働くとしても，精神疾患について知っていればよいだけではなく，生活習慣病やがんのような身体疾患，HIV のような感染症，不登校やいじめなど教育分野に関わる問題，就労・職業など産業・労働分野に関わる問題，ひき

表 0-1　保健・医療分野で公認心理師が携わった支援・活動等の対象（ライフサイクル・問題等）（日本公認心理師協会, 2021）

	（人）	（%）
妊娠・出産・産後の問題	1,553	29.3
子育て・就学前の問題	2,836	53.5
児童期の問題	2,451	46.2
思春期・青年期の問題	3,476	65.5
成人期の問題	3,556	67.0
高齢期の問題	2,323	43.8
終末期（ターミナル）の問題	775	14.6
不登校に関する問題	2,841	53.6
いじめに関する問題	1,460	27.5
学業に関する問題	2,191	41.3
就労・職業に関する問題	2,918	55.0
ひきこもりに関する問題	2,095	39.5
自傷行為に関する問題	2,524	47.6
自殺未遂に関する問題	1,856	35.0
家族・パートナー等との関係に関する問題	3,153	59.4
介護に関する問題	1,005	18.9
人間関係に関する問題	3,672	69.2
住居・経済に関する問題	921	17.4
犯罪や法制度に関する問題（犯罪被害・訴訟・収監・刑務所からの出所等）	531	10.0
精神疾患によらない反社会的行動に関する問題	448	8.4
虐待に関する問題	1,783	33.6
インフォームド・コンセントのフォロー	882	16.6
意思決定支援／アドバンス・ケア・プランニング	769	14.5
その他	95	1.8
「心理支援」は行っていない	56	1.1

こもりや自殺未遂など多様な背景によって生じる問題など，幅広い問題に関する知識とその支援方法について理解し，実践することが求められる。

　実際に，保健・医療分野で働く公認心理師に求められる業務内容としては，心理検査や面接，観察などによる「アセスメント」，認知行動療法やコミュニケーショントレーニング，プレイセラピーのような「心理支援・心理的介入」，コンサルテーションやカンファレンスでの助言，他職種や関係機関などへのコンサルテーションなど「関係者支援」，多職種での勉強会や事例検討会，一般市民向けなどの講演会，そのほか啓発活動など「心の健康教育」などがある（表 0-3）。

　公認心理師の職域主要 5 分野と呼ばれる保健・医療，福祉，教育，

表0-2 保健・医療分野で公認心理師が行った支援・活動のうち，心理面接・カウンセリング等の対象（障害・疾病等）（日本公認心理師協会，2021）

	（人）	（%）
知的障害（知的発達症等）	3,018	56.9
発達障害（自閉症スペクトラム障害／学習障害／注意欠如・多動性障害等）	4,332	81.7
高次脳機能障害	1,155	21.8
統合失調症等	2,341	44.1
気分症：双極症等	2,585	48.7
気分症：抑うつ症・気分変調症等	3,538	66.7
不安または恐怖関連症	3,258	61.4
強迫症または関連症	2,515	47.4
ストレス関連症：心的外傷後ストレス症・急性ストレス反応等	2,119	39.9
ストレス関連症：適応反応症（適応障害）	2,280	43.0
ストレス関連症：小児期の反応性アタッチメント症等	1,115	21.0
解離症	1,455	27.4
食行動症または摂食症	1,740	32.8
身体的苦痛症群または身体的体験症（身体化障害）	1,582	29.8
物質使用症（アルコール・薬物等）	1,275	24.0
嗜癖行動症（ギャンブル等）	749	14.1
秩序破壊的または非社会的行動症：反抗挑発症	287	5.4
秩序破壊的または非社会的行動症：素行・非社会的行動症（放火・窃盗等）	255	4.8
パーソナリティ症および関連特性	2,058	38.8
パラフィリア症（窃視症，小児性愛症，窃触症等）	148	2.8
神経認知障害（認知症，軽度認知症，せん妄等）	1,293	24.4
性の健康に関連する状態（性別不合，性機能不全等）	775	14.6
睡眠・覚醒障害	1,612	30.4
生活習慣病	514	9.7
がん／緩和ケア	588	11.1
HIV	198	3.7
その他の身体疾患・障害に関連する心理的状態	551	10.4
その他	59	1.1
「心理支援」は行っていない	64	1.2

　司法犯罪，産業・労働のうち，保健・医療分野（特に病院・診療所）の特徴は，医師や看護師，薬剤師，栄養士，理学療法士，作業療法士，言語聴覚士，医療ソーシャルワーカーなどそこで働く者のほとんどが何らかの専門職であるという点である。保健・医療分野では「チーム医療」の考え方が浸透し，また実際にはそのようなワードが出てくる前から，多職種での連携やチームでの支援は当然のものとなっている。公認心理師の働き方として「多職種連携」「協働」ということが強調されることが多いが，保健・医療分野では当たり前のことなのである。

表 0-3　保健・医療分野における業務内容例 (浜銀総合研究所, 2023)

分類	意見例
アセスメント	・外来において，発達検査，能力検査，面接を通じてアセスメントを実施。 ・心理検査においては能力の評価が多く，WAIS や WISC の依頼が多い。検査後に能力よりパーソナリティの問題が大きいと考えられれば，医師に検査を提案し承諾をもらったうえで実施。 ・子どもの問題行動の背景について，心理検査を通じて見立てる。
心理支援・ 心理的介入	・精神科デイケアにおける疾病教育プログラム，コミュニケーショントレーニングのプログラム，リクリエーション活動等のグループワークを企画運営。 ・外来のカウンセリングにおいて，医師の診察時間では扱いきれない感情面のサポートを実施したり，認知行動療法の技法を用いた支援を実施。 ・児童精神科においては，医師が診察・処方・治療全体のマネジメントを行うのに対して，心理職はプレイセラピー等での関わりを通じて個々の子どもの心の成長に伴走的に関わる。
関係者支援	・コンサルテーション・リエゾンにおいては，臓器移植の際の臓器提供の意思決定が本人の自発的な意思に基づいているかどうかを確認する第三者評価を実施したり，移植を受けた方の移植前後の心理的ケア，また，慢性疾患（透析等）の治療法の選択における意思決定のサポート，加えて，カンファレンスにおける心理師としての助言を実施している。 ・他職種や関係機関（児童相談所，教育相談室，生活福祉課等）に，コンサルテーションを実施（例：世帯全体のアセスメント）。
心の健康教育	・地域支援活動では，多職種での勉強会・事例検討会や，一般市民向けの講演会の企画運営。 ・心の健康に関する市民向けの公開講座やリーフレット作成を通じた普及啓発，疾病理解を求める普及啓発を実施。
その他	・多職種チームは，精神科医，看護師，精神保健福祉士，作業療法士，公認心理師の 5 職種にて，ディスカッションしながら治療の方向性を定め役割分担をしていく。状況に応じて他職種の役割を補いながらチームのマネジメントにも関与。

　実際，公認心理師がチームの一員として支援に関わったものは，表0-4 にあるように，多岐にわたっている。そのなかで，心理職が有効に機能し，信頼されるようになるためには，それぞれの専門職の仕事内容や役割，法律・制度，倫理などについて理解する必要があり，また，心理職が自ら教えてもらう，チームに加えてもらうという意識が必要なのである。

表 0-4 保健・医療分野で公認心理師がチームの一員として関わった支援（日本公認心理師協会, 2021）

	（人）	（%）
精神科医療に関するチーム	2,618	49.3
精神科リエゾンチーム	449	8.5
認知症初期集中支援チーム	158	3.0
認知症ケア（サポート）チーム（せん妄ハイリスク患者支援を含む）	362	6.8
緩和ケア（サポート）チーム	447	8.4
リハビリテーション医療・支援チーム	378	7.1
周産期医療チーム	202	3.8
ハイリスク妊産婦に関わるチーム	183	3.4
生活習慣病に関する医療・支援チーム	115	2.2
循環器疾患に関する医療・支援チーム	77	1.5
生殖医療に関するチーム（不妊・不育症カウンセリングを含む）	39	0.7
医療安全に関するチーム	160	3.0
感染管理に関するチーム	111	2.1
救急医療チーム（主に自殺未遂者への対応）	67	1.3
臨床倫理コンサルテーションに関するチーム	70	1.3
摂食障害治療チーム	146	2.8
物質関連障害治療・支援チーム（アルコール・薬物等）	203	3.8
衝動制御症治療・支援チーム（ギャンブル障害等）	93	1.8
退院支援に関するチーム	293	5.5
児童虐待に対応するチーム	507	9.6
発達障害への支援チーム	1,237	23.3
ひきこもりへの支援チーム	253	4.8
就労支援・就労継続支援チーム	432	8.1
当事者の家族への支援チーム	279	5.3
自殺予防・自殺対策チーム	171	3.2
地域包括ケアシステムに関するチーム	112	2.1
災害支援に関するチーム（DPAT 等を含む）	85	1.6
その他の多職種チームによる支援活動	196	3.7
「心理支援」は行っていない	654	12.3

第1章

安全な医療とは何か？

医療法と医療倫理

「医療」は私たちの生活にとって身近で，また欠かすことのできないものである。しかし，医療について法律でどのように規定されているのか，安全な医療を受けるためにどのような制度があるのかは，あまり知られていない。本章では，医療法をもとに，安全な医療とは何かについてみていきたい。

1. 医療法

(1) 医療と医療提供施設

医療法は，日本の医療全般について規定している法律であり，「総則」「医療に関する選択の支援等」「医療の安全の確保」「病院，診療所及び助産所」「医療提供体制の確保」「医療法人」「地域医療連携推進法人」「雑則」「罰則」の全9章と附則で構成されている。

医療法では，医療について以下のように規定している。

医療は，生命の尊重と個人の尊厳の保持を旨とし，医師，歯科医師，薬剤師，看護師その他の医療の担い手と医療を受ける者との信頼関係に基づき，及び医療を受ける者の心身の状況に応じて行われるとともに，その内容は，単に治療のみならず，疾病の予防のための措置及びリハビリテーションを含む良質かつ適切なものでなければならない。(医療法 第1条の2)

一般的に，医療というと病気や怪我を治す治療を行うことというイメージがあるが，ここでは，治療だけではなく，予防やリハビリテーションも含めたものを指している。なお，国連・障害者に関する世界行動計画（1982 年第 37 回国連総会採択）では**リハビリテーション**を「身体的，精神的，かつまた社会的に最も適した機能水準の達成を可能とすることによって，各個人が自らの人生を変革していくための手段を提供していくことを目指し，かつ時間を限定したプロセスである」と定義している。また，世界保健機構（WHO）はリハビリテーションを，医学的リハビリテーション，職業リハビリテーション，教育的リハビリテーション，社会的リハビリテーションの 4 分野に分けており，医学的リハビリテーションについては「個人の身体的機能と心理的能力，また必要な場合には補償的な機能を伸ばすことを目的にし，自立を獲得し，積極的な人生を営めるようにする医学的ケアのプロセス」（World Health Organization, 1969）と定義している。

　このような医療を提供する施設は**医療提供施設**と呼ばれる。医療提供施設には，病院，診療所，介護老人保健施設，介護医療院，調剤薬局，その他の施設が含まれる。**病院**（hospital）とは，「医師又は歯科医師が，公衆又は特定多数人のため医業又は歯科医業を行う場所であって，二十人以上の患者を入院させるための施設を有するもの」（医療法第 1 条の 5）とされており，**診療所**（clinic）は「医師又は歯科医師が，公衆又は特定多数人のため医業又は歯科医業を行う場所であって，患者を入院させるための施設を有しないもの又は 19 人以下の患者を入院させるための施設を有するもの」（医療法第 1 条の 5 第 2 項）とされている。つまり，病院と診療所は，患者を入院させるための施設（病床数）によって区別されている。「医院」という名称を見かけることもあるが，「医院」について法律上の規定はなく，一般的には診療所の通称として用いられている。

　患者を入院させるための施設（病床）は，精神病床（精神疾患を有する者を入院させるためのもの），感染症病床（感染症の予防および感染症の患者に対する医療に関する法律で規定されている一類感染症，二類感染症（結核を除く）などの所見があるものを入院させるためのもの），結核病床（結核の患者を入院させるためのもの），**療養病**

床（主として長期にわたり療養を必要とする患者を入院させるためのもの），一般病床（上記以外の病床）の５種類に分けられている（医療法第７条第２項）。

　介護老人保健施設と介護医療院は介護保険法で規定されている施設である。**介護老人保健施設**は「要介護者であって，主としてその心身の機能の維持回復を図り，居宅における生活を営むことができるようにするための支援が必要である者」に対し，「施設サービス計画に基づいて，看護，医学的管理の下における介護及び機能訓練その他必要な医療並びに日常生活上の世話を行うことを目的とする施設」（介護保険法第８条第28項）であり，要介護者の居宅における生活の復帰を目指すものとされている。**介護医療院**は「要介護者であって，主として長期にわたり療養が必要である者」に対し，「施設サービス計画に基づいて，療養上の管理，看護，医学的管理の下における介護及び機能訓練その他必要な医療並びに日常生活上の世話を行うことを目的とする施設」（介護保険法第８条第29項）であり，長期療養・生活のための医療提供施設である。

　このような医療提供施設において，医療従事者（医師，歯科医師，薬剤師，看護師その他の医療の担い手）は，「医療を受ける者に対し，良質かつ適切な医療を行うよう努めなければならない」と規定されている（医療法第１条の4）。そのため，医療従事者は「医療を提供するに当たり，適切な説明を行い，医療を受ける者の理解を得るように努めなければならない」とされている（医療法第１条の４第２項および第６条の２第２項）。これはインフォームド・コンセントと呼ばれるものである。また，ほかの医療提供施設の紹介や情報提供，保健医療サービスや福祉サービスを提供する者との連携なども求められている（医療法第１条の４第3・4項）。

(2) 国および地方公共団体の責務

　国および地方公共団体は医療について，「国民に対し良質かつ適切な医療を効率的に提供する体制が確保されるよう努めなければならない」と規定されている（医療法第１条の3）。また，医療法第６条の２でも，以下のように同様の規定がなされている。

> 国及び地方公共団体は，医療を受ける者が病院，診療所又は助産所の選択
> に関して必要な情報を容易に得られるように，必要な措置を講ずるよう努
> めなければならない。(医療法　第6条の2)

　日本では，医療について，フリーアクセスという仕組みがとられている。これは患者自身が，病院などを受診したいと思ったときに，病院などの規模や診療科などを問わず，自由に受診する病院などを決めることができる仕組みのことである。日本で生活をしていると当たり前に感じられる仕組みであるが，アメリカでは保険会社が指定する病院しか受診できず，指定された病院以外を受診すると保険が適用されず高額な費用を負担しなければならないこともある。またイギリスでは各家庭の一次医療を担う家庭医 (general practitioner) に診てもらわなければ，病院など専門的な医療を提供する医療機関にかかることはできない。このように，医療のフリーアクセスは日本の医療制度の大きな特徴のひとつであり，そのためには，医療を受ける者が病院などを選ぶための必要な情報が得られなければならないのである。

　また，厚生労働大臣は，地域における医療及び介護の総合的な確保の促進に関する法律で規定されている総合確保方針に即して，医療提供体制の確保を図るための基本方針を定めなければならない (医療法第30条の3)。都道府県ではこの基本方針に即して，また地域の実情に応じて，医療提供体制の確保を図るための計画 (医療計画) を定めるとされている (医療法第30条の4)。医療計画では，がん，脳卒中，急性心筋梗塞，糖尿病，精神疾患の5疾病と，救急医療，災害時医療，へき地医療，周産期医療，小児救急医療を含む小児医療，新興感染症等の感染拡大時における医療の6事業および在宅医療に関する数値目標，医療連携体制および住民への情報提供の推進策を定めることが求められている。また，医療従事者や医療安全の確保とその評価，医師の確保に関する計画 (医師確保計画)，外来医療に係る医療提供体制の確保に関する計画 (外来医療計画) なども含まれている。これらの医療計画を通して，都道府県は，医療機能の分化・連携を推進し，急性期から回復期，在宅医療に至るまで，地域全体で切れ目なく必要な医療が提供で

きる「地域完結医療」を推進していく。

（3）医療事故と医療事故調査

　どんなに良質で適切な医療の提供を目指していたとしても，事故は起こり得るものである。病院などで生じる医療に関わる事故は**医療事故**と呼ばれ，「当該病院等に勤務する医療従事者が提供した医療に起因し，又は起因すると疑われる死亡又は死産であって，当該管理者が当該死亡又は死産を予期しなかったものとして厚生労働省令で定めるもの」と定義されている（医療法第6条の10）。医療事故が発生した際には，病院などの管理者は医療事故調査・支援センターへの報告や遺族への説明をし，医療事故調査を実施しなければならない。

　医療事故調査・支援センターは，厚生労働大臣によって指定される一般社団法人や一般財団法人であり，「医療事故調査を行うこと及び医療事故が発生した病院等の管理者が行う医療事故調査への支援を行うことにより医療の安全の確保に資することを目的とする」機関である（医療法第6条の15）。医療事故調査・支援センターが行う主な業務としては，以下のものがある。

①医療事故調査結果の報告から収集した情報の整理と分析
②①の整理・分析結果を当該病院等の管理者に報告する
③医療事故調査の依頼が病院等の管理者または遺族からあった場合，調査をし，その結果を管理者および遺族に報告する
④医療事故調査従事者に対して調査に係る知識および技能について研修を行う
⑤医療事故調査に関する相談に応じ，必要な情報提供・協力を行う
⑥医療事故再発の防止に関する普及啓発を行う
⑦その他，医療の安全の確保を図るために必要な業務を行う

　病院などで医療事故が発生した際には，以下のような流れで，調査が実施される（図1-1）。

　まず，病院などで死亡・死産事例が発生し，それが先に示した定義に従って医療事故であると判断された場合には，病院などの管理者は遺族に対して，医療事故が発生した日時，場所，その状況，医療事故

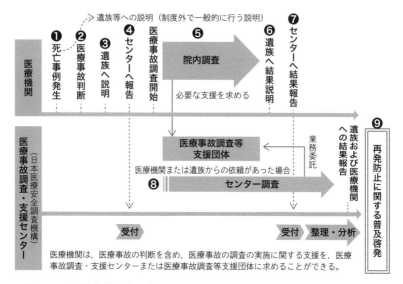

図 1-1　医療事故調査の流れ（日本医療安全調査機構（医療事故調査・支援センター），2022）

調査の実施計画の概要，医療事故調査に関する制度の概要などについて説明しなければならない。また，病院などの管理者は医療事故調査・支援センターに対して，病院などの名称・所在地・管理者の氏名および連絡先，医療事故に係る医療の提供を受けた者に関する性別，年齢その他の情報，医療事故調査の実施計画の概要などを報告しなければならない。これらの説明・報告ののち，病院などの管理者は医療事故調査（院内調査）を実施することになる。この医療事故調査は，個人の責任を追及するために行われるものではなく，医療安全の確保を目的として行われるものである。医療事故調査では，診療録などの記録の確認，医療従事者や関係者からの聞き取り，死亡・死産した者の解剖や血液・尿などの検査，医薬品・医療機器・設備などの確認を通して行われる。また医療事故調査を行う際，病院などの管理者は医学医術に関する学術団体など医療事故調査等支援団体に，医療事故調査を行うために必要な支援を求めるものとされている。そこには，迅速で適切な調査の実施だけではなく，調査の中立性，透明性，公正性の確保も求められている。院内調査の終了後，病院などの管理者は遺族

への結果説明を行うとともに，医療事故調査・支援センターに結果を報告することとなる。

　このように医療事故調査は病院などの管理者によって行われる場合もあるが，病院などの管理者や遺族から依頼があった場合には，医療事故調査・支援センターが医療事故調査を実施することができる（医療法第6条の17）。その際，医療事故調査・支援センターは，病院などの管理者に対して，文書や口頭による説明や資料の提出など必要な協力を求めることができ（医療法第6条の17第2項），当該病院などの管理者はこの求めを拒むことはできない（医療法第6条の17第3項）。また，医療事故調査・支援センターは依頼を受けた医療事故調査等業務の一部を医療事故調査等支援団体に業務委託することもできる。医療事故調査・支援センターによる医療事故調査が終了した際には，遺族や当該医療機関に調査結果を報告しなければならない。また，このような医療事故調査の結果などを整理・分析し，医療事故の再発防止に関する普及啓発に活用することも，医療事故調査・支援センターの重要な業務である。

2. 医療倫理

　医療従事者が医療に携わるとき，法令で規定されている義務などに従うのはもちろんであるが，そのような法令で規定されていなくても，医療従事者として守るべき，あるいは従うべき行動規範があり，それは「医の倫理」（**医療倫理**）と呼ばれる。

　医療倫理の起源は，紀元前5世紀のギリシャの医師・ヒポクラテスにまでさかのぼる。ヒポクラテスは，健康や病気を自然の現象として捉え，科学に基づく医学の基礎をつくったことから「医学の祖」と呼ばれている。ヒポクラテスが残した「ヒポクラテスの誓い」は，医師の職業倫理について書かれた宣誓文であり，その内容の多くは現在の医療現場にも通じる医療倫理の根幹をなしている。この「ヒポクラテスの誓い」を現代的な言葉で表したのが世界医師会（WMA）が1948年に採択した**ジュネーブ宣言**である。これは，新人医師が医師会などの

専門職団体・組織に入会する際に読み上げることを予定した文章である。しかし，1948年当時は，患者を治療の対象・客体とし，医療における決定権は医師にあることを前提とした色合いが強かった。その後，部分的な改定を経て，2017年のシカゴ総会では，患者の自律性の尊重などを追加した「シカゴ改訂ジュネーブ宣言」が採択されている。

また，世界医師会は，1949年のロンドン総会で「医の国際倫理綱領」を採択している。「医の国際倫理綱領」は，医師専門職が共通に保有すべき義務を「一般的な医師の義務」「患者に対する医師の義務」「同僚に対する医師の義務」の3部構成に分類している (表1-1)。「シカゴ改訂ジュネーブ宣言」と「医の国際倫理綱領」のいずれにおいても，患者の健康と福利を第一とすること，人命を最大限尊重すること，患者を差別しないこと，患者の秘密を保持することなどが規定されており，これらは日本においても，医療法や医師法などの法律，日本医師会「医師の職業倫理指針」などに反映されている。

さらに，世界医師会は，1981年に患者の権利に関する「**リスボン宣言**」を採択している。「リスボン宣言」では，①良質の医療を受ける権利，②選択の自由の権利，③自己決定の権利，④意識のない患者，⑤法的無能力の患者，⑥患者の意思に反する処置，⑦情報に対する権利，⑧守秘義務に対する権利，⑨健康教育を受ける権利，⑩尊厳に対する権利，⑪宗教的支援に対する権利，の11の原則が患者の権利として示されている。

そのほか，医療倫理については，Beauchamp & Childress (2001／立木・足立監訳, 2009) が**医療倫理の基本4原則**として，自律尊重原則，善行原則，無危害原則，正義原則をあげている。自律尊重原則とは，「自律的な人の意思決定は尊重すべきである」という原則である。インフォームド・コンセントに代表されるような，医療者による真実の告知や個人情報の保護，守秘義務などと関連する原則である。善行原則は「害悪や危害を防ぐべきである」「害悪や危害をなくすべきである」「善を促進すべきである」という3つの形で表現されるものであり，医療者は他人の利益のために行為すべきであるという道徳的責務に関

表 1-1　世界医師会「医の国際倫理綱領」(日本医師会, 2018)

一般的な医師の義務

1. 医師は，常に何ものにも左右されることなくその専門職としての判断を行い，専門職としての行為の最高の水準を維持しなければならない。
2. 医師は，判断能力を有する患者の，治療を受けるか拒否するかを決める権利を尊重しなければならない。
3. 医師は，その専門職としての判断を行うに当たり，その判断は個人的利益や，不当な差別によって左右されてはならない。
4. 医師は，人間の尊厳に対する共感と尊敬の念をもって，十分な専門的・道徳的独立性により，適切な医療の提供に献身すべきである。
5. 医師は，患者や同僚医師を誠実に扱い，倫理に反する医療を行ったり，能力に欠陥があったり，詐欺やごまかしを働いている医師を適切な機関に通報すべきである。
6. 医師は，患者を紹介したり，特定の医薬製品を処方したりするだけのために金銭的利益やその他報奨金を受け取ってはならない。
7. 医師は，患者，同僚医師，他の医療従事者の権利および意向を尊重すべきである。
8. 医師は，公衆の教育という重要な役割をもっていることを認識すべきだが，発見や新しい技術や，非専門的手段による治療の公表に関しては，十分慎重に行うべきである。
9. 医師は，自ら検証したものについてのみ，保証すべきである。
10. 医師は，患者や地域社会のために医療資源を最善の方法で活用しなければならない。
11. 精神的または身体的な疾患を抱える医師は，適切な治療を求めるべきである。
12. 医師は，地域および国の倫理綱領を尊重しなければならない。

患者に対する医師の義務

13. 医師は，常に人命尊重の責務を心に銘記すべきである。
14. 医師は，医療の提供に際して，患者の最善の利益のために行動すべきである。
15. 医師は，患者に対して完全な忠誠を尽くし，患者に対してあらゆる科学的手段を用いる義務がある。診療や治療にあたり，自己の能力が及ばないと思うときは，必要な能力のある他の医師に相談または紹介すべきである。
16. 医師は，守秘義務に関する患者の権利を尊重しなければならない。ただし，患者が同意した場合，または患者や他の者に対して現実に差し迫って危害が及ぶおそれがあり，守秘義務に違反しなければその危険を回避することができない場合は，機密情報を開示することは倫理にかなっている。
17. 医師は，他の医師が進んで救急医療を行うことができないと確信する場合には，人道主義の立場から救急医療を行うべきである。
18. 医師は，ある第三者の代理人として行動する場合，患者が医師の立場を確実に十分に理解できるよう努めなければならない。
19. 医師は，現在診療している患者と性的関係，または虐待的・搾取的な関係をもってはならない。

同僚に対する医師の義務

20. 医師は，自分が同僚医師にとってもらいたいのと同じような態度を，同僚医師に対してとるべきである。
21. 医師は，患者を誘致する目的で，同僚医師が築いている患者と医師の関係を損なってはならない。
22. 医師は，医療上必要な場合は，同じ患者の治療に関与している同僚医師と話し合わなければならない。この話し合いの際は，患者に対する守秘義務を尊重し，必要な情報に限定すべきである。

わる原則である。無危害原則は，医療者が自ら手を下して「危害を引き起こすのを避ける」ことである。医療行為による患者の痛みや苦痛をできる限り低減したり，合併症や副作用を避けるように配慮したりすることが求められる。正義原則は，「社会的な利益と負担は，正義の要求（各人にその正当な持ち分を与えようとする不変かつ不断の意思）と一致するように配分されなければならない」という道徳的な責務を表している。「各人にその正当な持ち分を与える」とは，根拠のない差別をなくすること，競合する要求の間に適正なバランスを確立することを含んでいる。正義原則は公平性に関連する原則であり，医療を受ける機会や患者の医療に必要な努力，医療資源などを公正に分配することが求められる。

　臨床現場で医療倫理が実践されていることを確認し，問題点を抽出するツールとして有効なのが，Jonsen らの4分割表（Jonsen et al., 2002／赤林ら監訳, 2006）である（表1-2）。4分割表は，医療倫理の基本4原則に対応しているが，ある原則が複数のセルに含まれていたり，複数の原則がひとつのセルにまとめられていたりする。この4分割表を用いて，臨床現場の実践に関する情報を記入していく。その際，不足している情報や不明瞭な情報については調査を実施し，また医療倫理の実践が適切に行われているかを検討するうえで必要な情報がないかについても検討し，追加していく。4分割表を用いた情報整理を終えると，①どの項目に不確定な問題が存在しているのか，②どの項目とどの項目が対立しているのか，という2点について検討していき，倫理的問題点を抽出する。抽出された倫理的問題点として，項目の対立がみられた場合には，当該事例・患者に対して優先すべき原則を決定し，それに基づいて最終的治療の方針を決定することとなる。

　これら医療倫理は，医療分野で働く心理職にも適用され，意識されていくべきものである。患者の利益を優先し，かつほかの医療従事者との連携・協働を深めるためにも，医療に関する法律だけではなく，このような医療倫理についても，十分に理解し，実践において意識していくことが求められる。

表 1-2　Jonsen らの 4 分割表（日本心理研修センター，2018 より作成）

医学的適応（Medical Indications）	患者の意向（Patient Prefences）
善行と無危害の原則 1．患者の医学的問題は何か？病歴は？診断は？予後は？ 2．急性か，慢性か，重体か，救急か？可逆的か？ 3．治療の目的は何か？ 4．治療が成功する確率は？ 5．治療が奏功しない場合の計画は何か？ 6．要約すると，この患者が医学的および看護的ケアからどのくらいの利益を得られるか？またどのように害を避けることができるか？	**自律性尊重の原則** 1．患者には精神的判断力と法的対応能力があるか？能力がないという証拠はあるか？ 2．対応能力がある場合，患者は治療への意向についてどう言っているか？ 3．患者は利益とリスクについて知らされ，それを理解し，同意しているか？ 4．対応能力がない場合，適切な代理人は誰か？ 5．患者の事前指示はあるか？ 6．患者は治療に非協力的か，または協力できない状態か？その場合，なぜか？ 7．要約すると，患者の選択権は倫理・法律上最大限に尊重されているか？
QOL（Quolity of Life）	**周囲の状況（Contexual Features）**
善行と無危害と自立性尊重の原則 1．治療した場合，あるいはしなかった場合に，通常の生活に復帰できる見込みはどの程度あるか？ 2．治療が成功した場合，患者にとって身体的，精神的，社会的に失うものは何か？ 3．医療者による患者の QOL 評価に偏見を抱かせる要因はあるか？ 4．患者の現在の状態と予測される将来像は，延命が望ましくないと判断されるかもしれない状態か？ 5．治療をやめる計画やその理論的根拠はあるか？ 6．緩和ケアの計画はあるか？	**忠実義務と公正の原則** 1．治療に関する決定に影響する家族の要因はあるか？ 2．治療に関する決定に影響する医療者側（医師・看護師）の要因はあるか？ 3．財政的・経済的要因はあるか？ 4．宗教的・文化的要因はあるか？ 5．守秘義務を制限する要因はあるか？ 6．資源分配の問題はあるか？ 7．治療に関する決定に法律はどのように影響するか？ 8．臨床研究や教育は関係しているか？ 9．医療者や施設側で利害対立はあるか？

3．精神科医療の現状

　保健・医療分野は多くの心理職が働く場のひとつとなっている。日本公認心理師協会（2021）が第 1 回公認心理師試験合格者に行った調査では，常勤職で働いている対象者の 30.2％は保健・医療分野であり，主要 5 分野（保健・医療，福祉，教育，司法・犯罪，産業・労働）のなかで最も多かった（表1-3）。また，保健・医療分野で働く公認心理師（常勤，非常勤含む）が勤務している機関・施設等では，精神科病院や一般病院が多いことがわかる（表1-4）。

　そこで，ここでは日本における精神科医療の現状についてみていく。

表 1-3　公認心理師の常勤職（日本公認心理師協会，2021 より作成）

	（人）	（%）
保健・医療分野	2,003	40.2
福祉分野	1,164	23.3
教育分野	550	11.0
司法・犯罪分野	251	5.0
産業・労働分野	295	5.9
その他の分野：私設心理相談機関	133	2.7
その他の分野：大学等附属の地域向け心理相談施設（学内の学生相談室除く）	50	1.0
その他の分野：大学・研究所等（教育・養成，研究所等）	512	10.3
その他の分野：いわゆる「5分野」に該当しないあるいは分類できない NPO 等	13	0.3
その他の分野：その他	16	0.3

表 1-4　保健・医療分野での勤務先（日本公認心理師協会，2021 より作成）

	（人）	（%）
精神保健福祉センター	170	3.2
保健所・保健センター	649	12.2
介護老人保健施設	41	0.8
病院：精神科病院（単科精神科・精神科主体）	1,608	30.3
病院：一般病院（総合病院・身体科主体）	1,376	25.9
一般診療所：精神科を専門とする（精神科主体）	1,225	23.1
一般診療所：精神科以外を専門とする（精神科以外が主体）	317	6.0
歯科診療所	6	0.1
医療機関に併設の心理相談室等（自費の心理相談機関等）	170	3.2
その他	250	4.7

（1）精神科病院と精神科

　厚生労働省「令和 4（2022）年医療施設（動態）調査・病院報告の概況」（厚生労働省，2023）によると，2022 年時点で，病院は 8,156 施設，一般診療所は 105,182 施設がある。病院のうち，1,056 施設（12.9%）が精神科病院となっている。また，一般病院が標榜する診療科目施設数では，1,800 施設（25.4%）が精神科と標榜していた。

　また，厚生労働省「令和 2（2020）年医療施設（静態・動態）調査（確定数）・病院報告の概況」（厚生労働省，2022b）によると，精神科病院で勤務する従事者は 161,481.8 人いる（非常勤の人数の算出の関係で，小数点が発生している）。このうち，医師が 9,908.3 人（常勤 7,020 人，非常勤 2,888.3 人），看護師・准看護師・看護業務補助者が合わせて 102,357.6 人，薬剤師が 2,994.2 人となっている。また，精神保健福祉士は 6,626.7 人，介護福

祉士は 2,469.6 人，公認心理師が 1,793.7 人となっている。

　入院のための病床数は，精神病床が 324,481 床（精神科病院 246,006 床，一般病院 78,475 床），感染症病床が 1,904 床，結核病床が 4,107 床，療養病床が 289,114 床，一般病床が 887,920 床となっている。

(2) 精神疾患を有する患者

　厚生労働省（2022a）によると，精神疾患を有する総患者数は約 419 万 3 千人であり，このうち入院患者が約 30 万 2 千人（うち精神病床における入院患者数は約 27 万 8 千人），外来患者は約 389 万 1 千人となっている（図1-2：数値は 2017 年のもの）。精神疾患を有する総患者数は増加傾向にあるが，入院患者数はそれまでの 15 年間で減少傾向となっている。これは第 3 章で論じる医療保護入院者の退院促進に関する措置が進められているためであると考えられる。その一方で，外来患者はそれまでの 15 年間で約 165 万 2 千人増加しており，精神疾患を有する患者の治療・支援は喫緊の課題であるといえる。

　精神疾患を有する外来患者数で最も多いのは，うつ病や双極性障害（躁うつ病）など気分障害であり，2017 年においては外来患者全体の約 32%を占めている（図1-3）。次いで依存症など精神作用物質使用による精神および行動の障害であり，統合失調症などが続いている。それま

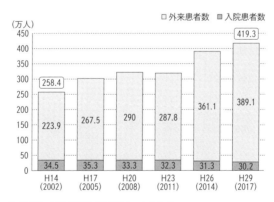

資料出所：厚生労働省「患者調査」より作成

図 1-2　精神疾患を有する総患者数の推移（厚生労働省，2022a）

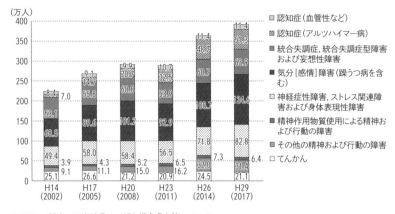

※ H23 の調査では宮城県の一部と福島県を除いている。
資料出所：厚生労働省「患者調査」より作成

図 1-3　精神疾患を有する外来患者数の推移（疾患別内訳）（厚生労働省，2022a）

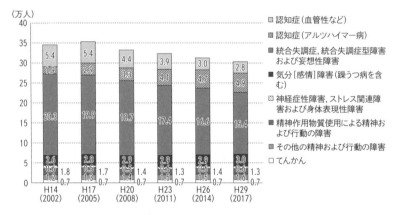

※ H23 の調査では宮城県の一部と福島県を除いている。
資料手所：厚生労働省「患者調査」より作成

図 1-4　精神疾患を有する入院患者数の推移（疾患別内訳）（厚生労働省，2022a）

での 15 年間でみると，認知症（アルツハイマー病）が約 7.3 倍になっており，気分障害も約 1.8 倍になっている。

　入院患者数をみると，その半数が統合失調症などとなっている（図1-4）。うつ病などの気分障害は約 3 万人で，入院患者数の 10％程度である。また血管性などの認知症の入院患者数は減少傾向にあるが，認知症（アルツハイマー病）は 15 年前と比較して約 2.6 倍に増加している。

チーム医療における公認心理師の対応

　吉田さんは総合病院に勤める公認心理師である。ある日，病棟のラウンド（院内巡回）をしていると，感染症内科の渡辺看護師に声をかけられた。渡辺看護師は，現在入院中の鶴川さん（40代，男性）の対応について困っていると言う。鶴川さんは，5年前にHIV感染が判明して治療を始めたが，通院中断を繰り返して内服治療が継続できず，結果，免疫機能が低下して結核に罹患し，入院していた。鶴川さんは，医師や看護師が通院や内服の重要性について説明しても，「薬は飲みたくない」「気持ち悪くなる」「どうせ飲んでも治らない」などと話していた。そのため，病棟のカンファレンスでは，精神的な問題の有無や退院後の通院中断の可能性が話し合われているとのことだった。それを聞いた吉田さんは，心理アセスメントと心理的支援の必要性について検討するため，鶴川さんの主治医に連絡をとり，鶴川さんの病状や容態，主治医の印象や問題点を確認し，病室を訪ねることにした。

　吉田さんが病室を訪れて関係性をつくっていくと，鶴川さんは最初はあまり多くを語らなかったが，次第に心を開いて心情を話すようになった。関わりのなかで吉田さんは，鶴川さんは内服時に喉のつかえ感や嘔気感があること，自閉スペクトラム症のグレーゾーンの可能性があること，HIV感染症である自分を受け入れられていないこと，医療に不信感をもつような出来事を過去に経験していたことがわかってきた。

　吉田さんはこれらの情報をカルテやカンファレンスを通じて，医師や看護師，薬剤師などのチーム・メンバーに伝えた。チーム・メンバーは，内服しやすいように薬剤や剤形の調整を行い，病状説明時には本人の能力特徴に合わせて平易な言葉で書面を見せながら行うようにして，医療への信頼感や安心感をもてるような関わりを行うようにした。また，カウンセリングでは，HIV感染の経緯や病気や感染への気持ちの整理を行った。

　このようなチームの関わりによって，鶴川さんは退院後も継続して通院し，HIV感染症の治療を継続するようになった。

STEP1：チーム医療を知る

「チーム」といえば，皆さんはどのようなものを思い起こすだろうか。野球チーム，サッカーチーム，バスケットボールチーム，赤チーム・白チーム，研究チーム……など。社会にはさまざまな「チーム」があるが，どちらかというと「チーム」という言葉は，スポーツやゲームなど競技の文脈でよく使われている。チームとは「共通の目的，達成目標，アプローチに合意しその達成を誓い，互いに責任を分担する補完的な技術を持つ少人数の人たちである」(Katzenbach et al., 1993／横山・吉良訳, 1994) と定義されている。簡単にいえば，チームとは「同じ目標に向かってそれぞれが専門的な能力をもつ少人数の集団」と言い換えられるであろう。

一方，「**チーム医療**」とは「医師，薬剤師，看護師等の各医療職が専門性を最大限に発揮し，かつ，連携・協働して提供する医療」(飯田ら, 2005) と定義されていたり，「単に専門の異なる複数の職種の者がひとりの患者に対して仕事をすることだけでなく，専門的な知識や技術を有する複数の医療者同士が対等な立場にあるという認識を持ったうえで実践される協働的な行為」(細田, 2003) と定義されていたりする。すなわち，「チーム医療」には，上述した「チーム」という言葉の意味合い以上に「連携・協働」あるいは「医療者同士の対等な立場」が強調されているのである。これは，従来のパターナリズム (父権主義) の医療から，患者中心の医療への転換において重要な意味があり，また，医療の高度化・複雑化に伴い，ひとつの疾患をとってみても，多様な専門的関わりが必要とされてきたという背景がある。厚生労働省 (2010) によると，チーム医療とは「医療に従事する多種多様な医療スタッフが，各々の高い専門性を前提に，目的と情報を共有し，業務を分担しつつも互いに連携・補完し合い，患者の状況に的確に対応した医療を提供すること」と定義されている。

チーム医療とそうでない医療の違いを図1-5に示した。左図では，医療従事者がそれぞれ患者に関わってはいるが，医師が中心的な役割を果たし，医療従事者間同士のつながりがない。一方，右図では医療従事者は患者を中心に囲み，医療従事者間同士のつながりをもちながら患者と関わっている。事例では，公認心理師の吉田さんは，主治医からの指示

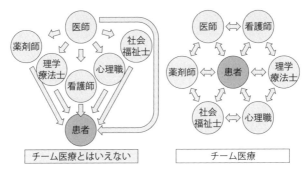

図 1-5　チーム医療とそうでない医療

をもとに鶴川さんに働きかけたのではなく，渡辺看護師からの情報をもとに主治医に介入の提案を行い，自ら行動していた。また，看護師や医師，薬剤師と情報を共有し足並みをそろえて，患者の治療・支援に関わっていた。もし仮に吉田さんをはじめ，ほかの職種が，カルテに必要な情報を記載しなかったり，カンファレンスで情報の共有を怠ったりしていれば，自分以外の職種の関わりを理解せずにそれぞれが治療・支援を行うことになってしまい，チーム医療とはいえない。心理職にある例としては，医師や看護師が治療・看護上必要な情報があるにもかかわらず，「カウンセリングで話された内容はお話しできません」と過度に守秘する場合である。これはチーム医療の有用性を損なう可能性がある。

STEP2：自分の施設のチームを把握する

　チーム医療には，さまざまな形態がある。事例のように，ある患者の治療の際に，必要とされるスタッフがそれぞれの専門性を発揮して一時的に連携・協働を行う場合もあれば，目的別にチームを組み，持続的に活動している場合もある（表 1-5）。チームの種類や数は，各医療施設によってさまざまであり，表 1-5 に示したすべてのチームが一施設にあるわけではなく，反対に施設によっては表 1-5 にはないチームも存在する。日々の臨床業務を円滑に行うために，公認心理師は，自分が働く医療施設にはどのようなチームがあるのかを把握しておくことが必要であろう。

表 1-5　医療現場の主なチーム

	目的
リハビリテーションチーム	患者が抱える問題を「心や体の働き・身体構造」「社会生活における活動に参加できるかどうか」「生活環境」「社会的環境」のそれぞれの側面から評価・分析し，さまざまな手段を使って早期退院・早期社会復帰を目的とする。
医療安全管理チーム	生命維持管理装置（人工呼吸器，人工心肺装置，人工腎臓装置など）の医療機器を安全に操作し，いつでも適切に使用できるよう保守点検を行う。医療機器管理担当者は，医療施設内の機器全般にわたって安全な使用を指導する。
呼吸ケアサポートチーム	呼吸に問題を抱える患者に対して，早期に呼吸状態の改善を図る。そのうえで，呼吸が少しでも楽になり，日常生活を過ごしやすくなるようサポートする。
感染症対策チーム（感染防止チーム，院内感染対策チーム）	医療施設内の感染症に関する予防，教育，医薬品などの管理を担当する。
摂食・嚥下チーム	栄養状態，食事の状態，口の中の衛生状態をチェック・評価し，多くの医療専門職との連携により治療や訓練をすることで，食べる機能の回復や嚥下の障害による肺炎を防止し，日常生活における活動性の向上を目指す。
救急医療チーム	迅速かつ適切な救急医療の対応を行うことを目指す。
栄養サポートチーム	適切な栄養管理を行い，全身状態の改善，合併症の予防を目指す。
緩和ケアチーム	治療することがほとんどできない病気になることで，患者とその家族が，身体的症状（痛み，吐き気・嘔吐，身体のだるさ，呼吸困難など），心理・社会的問題（病気による落ち込み・悲しみ，仕事や家族などの悩みなど），スピリチュアルな症状（死や病気への恐怖，自己の存在意義や価値についての苦しみなど）というような問題に直面している際に介入し，QOL（人生の質，生活の質）を改善することを目指す。
褥瘡管理チーム	活動性が低下したり，安静状態が長く続いたりすると，圧迫を受けるお尻やかかとの皮膚に褥瘡ができやすくなる。悪化すると治りにくいため，予防・早期発見に努め，適切な褥瘡管理によって改善・治癒を目指す。
糖尿病チーム	糖尿病患者の日常的な療養生活のサポートを行い，合併症（糖尿病性神経障害，糖尿病性網膜症，糖尿病性腎症）などによる，しびれや神経痛，失明，腎不全や透析を必要とする尿毒症（通常は尿に排泄される尿素や廃棄物が血液中に残存する病気）などの重症化を予防する。

資料）チーム医療推進協議会ホームページ「活躍している主なチーム」（http://www.team-med.jp/works_category/team）より作成

STEP3：公認心理師としてチーム医療に貢献する

　公認心理師がチーム医療の一員として十分に機能するためにはどのようなことが必要であろうか。以下では，これまでの臨床経験から筆者が必要と考えるポイントを列挙する。

①心理の専門性を磨く

　言うまでもなく，チームでは専門家として患者に関わるわけであるから，自身の専門領域に関してはさまざまな研修会や事例検討会，スーパービジョンなどを通じて力を磨くことが必要である。鶴川さんに対する吉田さんの関わりについていえば，自閉スペクトラム症を含めた精神疾患や HIV 感染症による心理的影響など，患者の心理状態をアセスメントできる知識を身につける必要がある。また，鶴川さんへの対応が正しかったのか，ほかの手段はなかったのかなど振り返り，この経験が今後の糧になるように，事例検討会で発表したりスーパービジョンを受けたりして，ほかから助言をもらうことも重要である。

②他職種の役割を理解し，尊重する

　医療領域では表 1-6 のようにさまざまな職種が一人の患者に関わることになる。医師や看護師の役割は想像がつきやすいが，医療現場ではほかにもさまざまな専門職が患者に関わっているため，共に関わる職種がどのような役割にあるのかを理解しておくことが必要である。また，同じ職種でも，施設や科が異なれば役割が異なる場合もあるため（たとえば，外来の看護師と病棟の看護師では仕事の内容も異なる），直接チーム・メンバーに業務内容などを尋ねて，お互いの役割を確認することも必要であろう。

　また，さまざまな専門家がいるということは，さまざまな視点からひとつのものをみるということであり，患者や病気・問題に対する視点が異なる。視点が異なれば，治療や支援の方向性が異なる場合も生じてくる。その際は，他職種の視点も尊重し，何が課題で，何が患者にとって優先されるべきことなのかなど十分に話し合うことが必要である。吉田さんが鶴川さんに対する見立てをカンファレンスで共有した際に，たとえば医師からは薬剤の変更はできないという治療選択の限界を伝えられ

表 1-6　医療現場で働く様々な職種

医師，歯科医師，看護師，薬剤師，社会福祉士，精神保健福祉士，公認心理師，歯科衛生士，理学療法士，臨床検査技師，診療放射線技師，臨床工学士，作業療法士，言語聴覚士，管理栄養士，栄養士，保育士，チャイルド・ライフ・スペシャリスト，臓器移植コーディネーター，胚培養士，救急救命士，診療情報管理士，義肢装具士など（順不同）

たり，看護師からは吉田さんが知らない病棟での鶴川さんの一面について伝えられたりする。その場合，心理面のみで考えるのではなく，他職種の情報を統合して，鶴川さんの治療・支援において何を優先すべきかをチームで検討することが望まれる。

③医療における共通言語を理解する

　医療現場では，カルテに記載されている他職種の記録やカンファレンスで，一般では使わないさまざまな専門的言語や略語が使用されている。これらは現場に入らないとなかなか触れる機会も学ぶ機会もないのが現状である。医学書や看護に関する書籍で学んだり，インターネットで調べたりすることも必要であるが，それでもわからない用語は，現場に入った際に恥ずかしがらず，先輩の心理職や他職種に教わり，現場で身につけていく必要がある。

④心理用語ではなく，平易な言葉で伝える

　他職種に患者の見立てなどを伝える際には，難しい心理の専門用語の使用は避け，できるだけわかりやすく平易な言葉で伝えることを心がける。特に精神科領域以外の身体科領域の医療従事者とチームを組む場合には，留意する必要がある。

⑤チーム全体をアセスメントする

　同じ職種でもメンバーが変わるとチームの雰囲気は変わる。職種や役割の違いだけでなく，メンバーのパーソナリティを理解すること，またそのメンバーで構成されたチームの力動を把握することは，チームとして患者と関わる際の重要なポイントとなる。たとえば，医療従事者は医療を提供する立場にあるため，鶴川さんのように治療意欲が乏しい患者に対しては陰性感情をもちやすく，その感情がチーム内の力動に作用する場合も考えられる。それは当然，鶴川さんとの治療関係に影響するため，心理職としてチーム全体をアセスメントすることは重要である。
　また，他者操作的に振る舞うパーソナリティ障害の患者への治療・支援の際にはチーム内の力動も動きやすいため，心理職は自らを内省する

とともにチーム全体のアセスメントや力動の把握を行い介入するように心がける。

⑥他職種とコミュニケーションをとる時間を大切にする

　チーム医療で最も重要な点はコミュニケーションである。カルテ上の記録のやりとりだけでは，臨床現場の繊細な情報は伝わらない。カンファレンスでの情報共有や意見交換はもちろんのこと，日々の声かけやちょっとした情報交換などのコミュニケーションが，職種の垣根を越えてチームが円滑に機能する潤滑油となる。吉田さんのように看護師から声をかけられるということは，日頃から病棟に顔を出し，気軽に相談できるような関係性を構築していたからこそのものである。

　また，医療職のなかで心理職はマイノリティであり，かつ医療現場における専門職としての日が浅い。そのため，まだまだ他職種に心理職の役割や有用性は知られていないのが現状である。他職種とのコミュニケーションを大切にし，心理職について知ってもらえるようにしていく働きかけや土壌づくりが重要である。

事 例

精神科病院の公認心理師である秋元さんは，対人関係のトラブルから抑うつ，自殺念慮，自傷行為などの問題行動のために，思春期病棟に入院していたアイ（17歳，女子）の面接を担当していた。アイは複雑な家庭環境に生まれ，現在も安定した環境で暮らしておらず，感情コントロールや愛着の問題を抱えていると秋元さんは見立てていた。入院から1か月後，アイの精神状態が落ち着いてきたため，カンファレンスで主治医から退院の方向性が示され，本人にも伝えられた。

そんなある日，アイは面接で「担当の山下さん（看護師）は好きじゃない」「主治医の先生は，消灯後でも眠れないときは音楽を聞いていればいいと言ったのに，山下さんから注意された」「この前，心理師さんのこと『いつも長々話しているけど……意味あるのかしらね』って言っていた」「私は心理師さんを信頼している」「夜中一人で眠れないときが一番つらい。音楽別に聞いてもいいですか？」と話した。秋元さんは，アイがどういう気持ちでこの話をしたのかと思うと同時に，確かに山下看護師はサバサバした性格で物事をはっきり言う人だから，アイの話も理解はできた。一方で，山下看護師は自分の関わり方や心理職についてあまり肯定的でないのかな……と心配にもなり，これからどう接していこうかと不安にもなった。秋元さんは，カルテにこの面接内容をどう記録しようか，そして，アイの病状や心情をチームにどのように伝えようかと悩んだ。

考えてみよう！

医療機関ではカルテの記載内容は，基本的にその医療機関で働く医療従事者すべてが閲覧でき，またその情報をもとに治療や支援にあたります（施設によっては閲覧できない場合もあります）。もしあなたが秋元さんの立場であったら，この日の面接内容をカルテにどう記載しますか。考えてみましょう。

話し合ってみよう！

事例に書かれた内容をもとに，アイがどういうパーソナリティであり，どのような精神疾患をもつと考えられますか。また，アイは現在どのような心理状態なのでしょうか。みんなで話し合ってみましょう。

ロールプレイをしてみよう！

今日のアイとの面接のことやアイの精神状態についてチーム・メンバーと情報共有を行う場面を想定して，①公認心理師の秋元さん，②看護師の山下さん，③主治医の3人の役割でロールプレイをしてみましょう。秋元さんがそれぞれに伝える場面でもよいですし，2人同時に伝える場面でもよいです。

精神科医療がわかるマンガ

　内科や外科，皮膚科，耳鼻科，歯科など病院にはさまざまな診療科があるが，それぞれがどのような病気のときに行き，どのような診療・治療をするところなのかはイメージしやすい。それに対して精神科は，心の病気（精神疾患）のときに行くところであることはわかるが，どのような治療をするのか，実際に治るのかなど，一般にはイメージしにくいところがあり，これが精神科を受診することへの抵抗感を高めている一因にもなっている。

　そのようななか，近年，精神科医療をテーマとしたマンガが刊行されており，これらを通して実際の精神科での診療・治療の様子を把握することができる。たとえば『Shrink 〜精神科医ヨワイ〜』（原作：七海仁，漫画：月子，集英社）は，精神科医の弱井先生を中心に，看護師や精神保健福祉士，その他の支援機関などが連携をして，パニック障害，双極性障害，うつ病，パーソナリティ障害などの精神疾患を有する患者の治療にあたる姿が描かれている。第 10 巻では公認心理師も登場し，精神科医療における心理職の役割を理解することもできる。

　また，『リエゾン―こどものこころ診療所―』（原作・漫画：ヨンチャン，原作：竹村優作，講談社）は，児童精神科医の佐山先生が，不登校や児童虐待，非行，発達障害など子どもに関わるさまざまな問題について，児童精神科医の立場から支援している。子どもを対象としているため，登場する外部機関も学校や児童相談所，児童養護施設など『Shrink』とは異なるものが多い。言い換えれば，それだけ（児童）精神科が連携・協働する機関が多いということであり，そのような機関で働くためには（児童）精神科との連携・協働が必要であるということでもある。また，児童精神科医の佐山先生は ASD（自閉スペクトラム症），研修医の遠野先生は AD／HD（注意欠如・多動症）であるとされている。それぞれ障害を抱えながらも日常生活や仕事をするために行っている生活上の工夫も描かれており，発達障害の理解や支援の参考になる。

　看護師の観点から描かれたマンガとしては『精神科ナースになったわけ』（水谷緑，イーストプレス）や『こころのナースの夜野さん』（水谷緑，小学館）などがある。看護師が精神科でどのように働き，精神疾患をもった患者とどのように関わっているのかがよくわかるマンガである。ほかにも，精神科病院に入院していた患者をもとにしたエッセイマンガなどもある。

　精神科医療や精神科病院は時にミステリー作品やホラー作品の舞台になることもあり，「怖い」という印象をもっている人もいるかもしれないが，『Shrink』や『リエゾン』はしっかりと取材をして描かれた作品であり，エッセイマンガはユーモアを交えながらも実体験を描いているものが多い。いきなり精神科に行くのは怖い，友人や家族に精神科を勧めるのは不安という人も，これらの作品を通して精神科医療や精神科病院のことを知ることができれば，そのような怖さや不安も低減すると思われる。まずはどれか一冊手にとってみてほしい。

第2章

精神障害者の福祉の増進を図る

精神保健福祉法①

日本では，障害者に対して医療やさまざまな福祉サービス，その他の多様な支援が提供されている。障害者全体に対しては障害者基本法や障害者総合支援法などの法律で医療や支援などについて規定されているが，精神障害者については精神保健福祉法が中核的な法律であり，これに基づいて精神障害者の福祉の増進が図られている。本章では，精神保健福祉法を通して，精神障害者に対する医療や福祉のあり方についてみていきたい。

なお，精神保健福祉法には，精神障害者に対する医療や各種入院，社会復帰の支援などについても規定されているが，これらについては第3章で扱うため，本章では扱わない。また，精神保健福祉法は2022年12月10日に改正案が可決された。改正法のうち，第1章「総則」など一部は2023年4月1日から，それ以外は2024年4月1日から施行されることになっている。本書では，2024年4月1日から施行される改正精神保健福祉法に基づくこととする。

1．精神保健福祉法

（1）日本における精神保健福祉に関する法律の歴史

日本における精神障害者に関する初めての法律は，1900年に施行された精神病者監護法である。この法律では，地方長官（現在の都道府県知事）の許可の下，監護責任者（主に精神障害者の家族）が精神障害者を私宅などに監置することを認めたものであった。しかし，この法律の下で

は，精神障害者が十分な精神医療を受けることができず，また監護責任者の負担も大きくなったことから，1919 年に精神病院法が施行され，道府県での精神病院の設置が促進された。しかし，国の予算が十分ではなく，また私宅監置も継続されたため，実際には精神病院の設置は進まなかった。

第二次世界大戦後の 1950 年には，精神病者監護法や精神病院法が廃止されるとともに，精神衛生法が施行された。精神衛生法には，欧米の精神衛生の考え方が導入され，都道府県には精神病院の設置が義務づけられた。私宅監置が禁止され，自傷他害の恐れのある精神障害者の措置入院や，保護義務者の同意による同意入院の制度化，精神障害者の拘束の要否を決定するための精神衛生鑑定医制度がつくられ，日本における精神保健福祉の大きな転換点となった。

その後，精神衛生法が何度かの改正を経るなか，1984 年に起きた宇都宮病院事件メモにより，日本の精神医療のあり方や不十分な社会復帰施策が国際的に批判を受けることになり，1988年 7 月に精神衛生法に代わり，精神保健法が施行された。精神保健法では，精神

宇都宮病院事件

栃木県宇都宮市にある精神科病院「宇都宮病院」で，看護職員が精神疾患患者 2 名に対して暴行の末，死亡させた事件。その後，この病院では，同様の暴行，無資格者による医療行為，不必要な入院などが行われていることが明らかになった。

障害者の人権擁護や社会復帰の促進がうたわれ，任意入院制度，精神医療審査会制度，精神保健指定医の制定などが規定された。

そして，1993 年に**障害者基本法**が成立し，精神障害者も身体障害者などと同じく「障害者」として位置づけられた。この障害者基本法の成立を受け，1995 年には精神保健法が大幅に改正され，名称も現在と同じく「精神保健及び精神障害者福祉に関する法律」(精神保健福祉法) に改められた。

精神保健法には 5 年ごとの見直しが定められており，精神保健福祉法となっても同様である。そのため，精神保健福祉法は，1999 年，2005 年，2013 年に改正されている。2017 年には，前年に起こったやまゆり園事件メモを受けて，改正案が国会に提出され，参議院

やまゆり園事件

神奈川県相模原市にある知的障害者福祉施設「津久井やまゆり園」に元職員が刃物を持って侵入し，入所者 19 名を刺殺，入所者・職員計 26 名に重軽傷を負わせた事件。

は通過したが，衆議院の解散により廃案となった。そのため，2022 年12 月に成立した改正精神保健福祉法は，10 年ぶりの改正となった。この改正では，「精神障害者の希望やニーズに応じた支援体制の整備」が強調されている。

　なお，この間に，2003 年に心神喪失等の状態で重大な他害行為を行った者の医療及び観察等に関する法律（**医療観察法**）が成立（2005 年施行），2004 年に**発達障害者支援法**が成立（2005 年施行），2005 年に**障害者自立支援法**が成立（2006 年施行）している（障害者自立支援法は 2012 年に**障害者総合支援法**に改められている）。2005 年には精神分裂病から統合失調症に呼称が変更され，2011 年に**障害者虐待防止法**が成立（2012 年施行）するなど，2000 年代に入り，精神障害者を含む障害者に関わる法整備が急速に進められていった。

　このような経緯で成立・改正が行われた精神保健福祉法の目的は以下のように規定されている。

> この法律は，障害者基本法の基本的な理念にのっとり，精神障害者の権利の擁護を図りつつ，その医療及び保護を行い，障害者の日常生活及び社会生活を総合的に支援するための法律と相まってその社会復帰の促進及びその自立と社会経済活動への参加の促進のために必要な援助を行い，並びにその発生の予防その他国民の精神的健康の保持及び増進に努めることによって，精神障害者の福祉の増進及び国民の精神保健の向上を図ることを目的とする。（精神保健福祉法　第 1 条）

　精神保健福祉法の目的は「精神障害者の福祉の増進及び国民の精神保健の向上を図ること」であり，それに向けて，精神障害者の権利の擁護，医療や保護，社会復帰の促進や自立と社会経済活動への参加促進のための援助，精神障害の発生予防，国民の精神的健康の保持・増進の奨励などが掲げられている。そのため，国民に対しても，精神障害者に対する理解を深めることや，精神障害者の社会復帰，自立と社会経済活動への参加に向けた努力への協力が求められている（精神保健福祉法第 3 条）。

(2) 精神障害者の定義・位置づけ

　精神保健福祉法における精神障害者とは，「統合失調症，精神作用物質による急性中毒又はその依存症，知的障害その他の精神疾患を有する者」（第5条）と定義されている。この定義をみると，精神障害・疾患としてよく知られるうつ病や強迫症，不安症，パーソナリティ障害などは明記されていないが，一般的には，国際疾病分類（ICD-10）のFコード（精神および行動の障害）にある精神障害・疾患のすべてが含まれると解釈されている。そのため，うつ病や強迫症などはもちろん，認知症や発達障害（自閉スペクトラム症や注意欠如・多動症など）も含まれる。また，ICD-10ではGコード（神経疾患）に含まれるてんかんも，精神保健福祉法上は精神障害に含まれることになる。

　精神保健福祉法では，精神障害者をこのように規定しているが，ほかの法律をみると，精神障害者の定義や位置づけが異なっていることがわかる。たとえば，障害者基本法では障害者を以下のように定義している。

> 身体障害，知的障害，精神障害（発達障害を含む。）その他の心身の機能の障害（以下，「障害」と総称する。）がある者であって，障害及び社会的障壁により継続的に日常生活又は社会生活に相当な制限を受ける状態にあるものをいう。（障害者基本法　第2条第1項）

　ここでは，障害者は，身体障害者，知的障害者，精神障害者，その他の障害者の4種類があげられている。精神保健福祉法では，精神障害のなかに知的障害が含まれているが，障害者基本法では精神障害と知的障害は分けられている。障害者総合支援法ではより明確に，「精神保健及び精神障害者福祉に関する法律第5条第1項に規定する精神障害者（発達障害者支援法第2条第2項に規定する発達障害者を含み，知的障害者福祉法にいう知的障害者を除く）」（障害者総合支援法第4条）とされている。

　また，障害者基本法では，精神障害があることだけではなく，「障害及び社会的障壁により継続的に日常生活又は社会生活に相当な制限を受ける状態にある」という要件がつけられている。**社会的障壁**とは

「障害がある者にとって日常生活又は社会生活を営む上で障壁となるような社会における事物，制度，慣行，観念その他一切のものをいう」(障害者基本法第2条第2項) のことである。精神障害者にとっての社会的障壁とは，学校や職場の環境，周囲の無理解・偏見，精神障害者にとって利用しにくい制度や社会システムなどがあげられる。障害者基本法では，精神障害があり，これらがあることによって日常生活や社会生活に相当な制限を受けていることによって，精神障害者と定義される。しかし，障害者総合支援法や精神保健福祉法には，障害者基本法にあるような社会的障壁などの文言はなく，法律的には，精神障害者の定義や位置づけが異なっているといえる (これらの違いによって，実際に何らかの問題や不利益が生じることはほとんどない)。

(3) 都道府県・市町村における精神保健福祉

　精神保健福祉法では，国や地方公共団体に対し，精神障害者が社会復帰をし，自立と社会経済活動への参加をすることができるように努力することを求めている (精神保健福祉法第2条)。また，精神保健に関する調査研究の推進や知識の普及を図るなどして，精神障害者の発生の予防や国民の精神保健の向上のための施策を講じなければならないともしている (精神保健福祉法第2条)。

　都道府県は，精神保健や精神障害者の福祉に関する調査審議をさせるために，条例で，精神保健福祉に関する審議会その他の合議制の機関 (地方精神保健福祉審議会) を設置することができる (精神保健福祉法第9条)。**地方精神保健審議会**は，都道府県知事の諮問に答えたり，精神保健や精神障害者の福祉に関する事項について都道府県知事に意見を具申したりすることができる (精神保健福祉法第9条第2項)。

　精神障害者やその家族などの関係者にとって身近な機関としては，精神保健福祉センターがある (精神保健福祉法第6条)。**精神保健福祉センター**は，地域住民の精神的健康の保持増進，精神障害の予防，適切な精神医療の推進から，社会復帰の促進，自立と社会経済活動への参加の促進のための援助をすることが目標となっている機関である (精神保健福祉センター運営要領)。精神保健福祉センターの詳細については，次節

で説明するが，その業務のひとつとして精神障害者保健福祉手帳の判定がある。

精神障害者保健福祉手帳は，精神障害者が厚生労働省令で定める書類を添えて，都道府県知事に交付を申請し，精神障害の状態であると認められると交付されるものである（精神保健福祉法第45条および第45条第2項）。なお，知的障害者は精神障害者保健福祉手帳の交付を申請することはできず，療育手帳メモの交付を申請することになる。精神障害者保健福祉手帳の等級は，精神障害の状態と能力障害の状態の両面から，1級から3級の3等級

メモ
療育手帳
知的障害があると判定された者に交付される手帳。法的な根拠はなく，1973年の厚生事務次官通知に基づいて運用されている。

に区分される（1級のほうが日常生活や社会生活における支障が大きい）。精神障害者保健福祉手帳を取得すると，公共交通機関や公共施設などの割引，医療費の助成，所得税や住民税の障害者控除などを受けることができる。また，精神障害者が働きやすくなるような配慮を受けながら就労できる求人に応募できたり，就労支援サービスなどを受けたりすることもできるようになる。精神障害者保健福祉手帳は2年ごとに，精神障害の状態について都道府県知事から認定を受けなければならない（精神保健福祉法第45条第4項）。これは，精神障害が治ったり改善したり，または悪化したりする可能性があるためである。また，精神障害が治るなどした場合には，速やかに精神障害者保健福祉手帳を都道府県に返還しなければならない（精神保健福祉法第45条の2）。

さらに，都道府県や市町村は，精神障害に関する正しい知識の普及のための広報活動に努めなければならない（精神保健福祉法第46条の2）。また，都道府県や保健所メモを設置する市・特別区は，精神保健福祉相談員やその他の職員，指定した医師に，精神障害

メモ
保健所
地域保健法に基づいて都道府県，政令指定都市，中核市などに設置されている施設。

者やその家族等，その他の関係者などからの相談に応じさせ，及びこれらの者に対する必要な情報の提供，助言その他の援助を行わせなければならず（精神保健福祉法第47条第1項），医療を必要とする精神障害者に対しては，その精神障害の状態に応じた適切な医療施設を紹介しなければならないとされている（精神保健福祉法第47条第2項）。精神保健福

祉相談員とは，「精神保健及び精神障害者の福祉に関する相談に応じ，並びに精神障害者及びその家族等その他の関係者を訪問して必要な情報の提供，助言その他の援助を行うための職員」（精神保健福祉法第48条第1項）のことであり，精神保健センターや保健所，これらに準ずる施設に置かれている。

2. 精神保健福祉センターと精神保健福祉士

　前節で説明したように，精神保健福祉センターは精神障害者やその家族などにとって，身近な相談機関のひとつである。精神保健福祉センターは各都道府県・政令指定都市ごとに1か所ずつ（東京都は3か所）あり，「こころの健康センター」などと呼ばれている場合もある。では，精神保健福祉センターはどのようなところで，どのような人がいるのか，厚生労働省「精神保健福祉センター運営要領」（2013年4月26日一部改正：以下「運営要領」）（厚生労働省，1996）に基づいて，みていくことにする。

(1) 精神保健福祉センターの目標と業務

　運営要領では，精神保健福祉センターの目標について以下のように定めている。

> センターの目標は，地域住民の精神的健康の保持増進，精神障害の予防，適切な精神医療の推進から，社会復帰の促進，自立と社会経済活動への参加の促進のための援助に至るまで，広範囲にわたっている。
> この目標を達成するためには，保健所及び市町村が行う精神保健福祉業務が効果的に展開されるよう，積極的に技術指導及び技術援助を行うほか，その他の医療，福祉，労働，教育，産業等の精神保健福祉関係諸機関（以下「関係諸機関」という。）と緊密に連携を図ることが必要である。
> （精神保健福祉センター運営要領）

　この目標を達成するため，精神保健福祉センターでは，主に以下の業務を行っている。

①企画立案
②技術指導および技術援助
③人材育成
④普及啓発
⑤調査研究
⑥精神保健福祉相談
⑦組織育成
⑧精神医療審査会の審査に関する事務
⑨自立支援医療（精神通院医療）および精神障害者保健福祉手帳の判定

　精神障害者やその家族などの相談に対応するのは⑥精神保健福祉相談にあたる。精神保健福祉相談では，心の健康に関する相談，精神科医療についての相談，社会復帰についての相談，アルコール・薬物依存症の家族の相談，ひきこもりなど思春期・青年期問題の相談，認知症高齢者相談など精神保健福祉全般にわたる相談を行っている

　また，精神保健福祉センターは，診療機能や，デイケア，障害者総合支援法に規定する障害福祉サービス等のリハビリテーション機能をもつことが望ましいとされ，さらに地域の実情に応じて，精神保健福祉の分野における技術的中枢（都道府県における精神保健及び精神障害者の福祉に関する総合的技術センター）として必要な業務を行うとされている。

(2) 精神保健福祉センターの組織と構成

　これらの目標の達成や業務の遂行のため，精神保健福祉センターでは，原則として総務部門，地域精神保健福祉部門，教育研修部門，調査研究部門，精神保健福祉相談部門，精神医療審査会事務部門及び自立支援医療（精神障害者通院医療）・精神障害者保健福祉手帳判定部門などで構成される。

　また，職員の構成としては，①所長，②医師，③精神保健福祉士，④臨床心理技術者，⑤保健師，⑥看護師，⑦作業療法士，⑧その他センターの業務を行うために必要な職員が標準的に置かれている。また，職員のうちには精神保健福祉相談員の職を置くよう努めることが求められている。所長は精神保健福祉に造詣の深い医師をあてること

が望ましいとされており，それ以外の医師も精神科の診療に十分な経験を有する者であるとされている。

精神保健福祉士は，精神障害者の保健や福祉に関する国家資格を有する者であり，精神保健福祉士法では，以下のように定義されている。

> この法律において「精神保健福祉士」とは，第28条の登録を受け，精神保健福祉士の名称を用いて，精神障害者の保健及び福祉に関する専門的知識及び技術をもって，精神科病院その他の医療施設において精神障害の医療を受け，又は精神障害者の社会復帰の促進を図ることを目的とする施設を利用している者の地域相談支援の利用に関する相談その他の社会復帰に関する相談に応じ，助言，指導，日常生活への適応のために必要な訓練その他の援助を行うことを業とする者をいう。(精神保健福祉士法　第2条)

精神保健福祉士は，医療機関や生活支援サービス，福祉行政機関（精神保健福祉センターはここに含まれる），司法施設，その他の諸機関で活躍している専門職である（図2-1）。どの領域や機関で働いていても，精神保

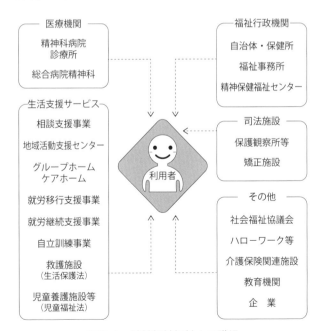

図2-1　精神保健福祉士の職場

資料）日本精神保健福祉士協会ホームページ（https://www.jamhsw.or.jp/mhsw/index.html）より作成

健福祉士は，精神障害者の権利擁護の視点をもち，精神障害者の生活を支援する立場にあって，医療と地域生活，あるいは関係機関相互の橋渡しをする役目を担っている。また，相談に応じ，助言や指導，各種サービスを提供したり，情報提供，啓発活動，調査研究なども行ったりする。一方で，心理職とは異なり，知能検査・心理検査を行ったり，心理的アセスメントは行ったりしない。心理職は心理療法やカウンセリングを行うが，精神保健福祉士は心理療法などは行わずに，相談者（精神障害者やその家族など）にとって必要なサービスの提供や関係機関の紹介・連携を行うことで，日常生活への適応や社会経済生活への復帰を援助していくことになる。

　なお，精神保健福祉士は，一般に PSW（Psychiatric Social Worker）と略されることがある。しかし，2017 年に精神保健福祉士の職能団体である公益財団法人 日本精神保健福祉士協会が，その名称の英語表記を Japanese Association of Mental Health Social Workers に変更したことを受けて，精神保健福祉士の略称として MHSW（メンタルヘルス・ソーシャルワーカー）を用いる動きがある。これは，psychiatric が「精神医学の」を意味している単語であるが，精神保健福祉士が活動する分野・領域が精神医学に限定されなくなっているためであり，また世界的にも PSW という名称が使われていない現状にあるためとされている。

3. 精神保健福祉センターの活動

　精神障害者やその家族，あるいは一般市民にとって，心の健康などに関する身近な相談機関である精神保健福祉センターは，実際にどのような活動を行っているのか。ここでは，藤井を研究代表者とする令和 2 年度厚生労働行政推進調査事業補助金「地域精神保健医療福祉体制の機能強化を推進する政策研究」のうち，野口が行った「精神障害にも対応した地域包括ケアシステム構築に関する研究」（野口, 2022）で得られた全国の精神保健福祉センター（回答数 69）を対象とした調査結果などから，精神保健福祉センターの活動などについてみていきたい。

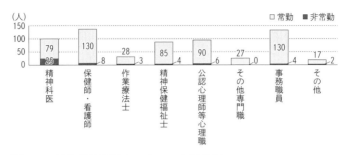

図 2-2　精神保健福祉センターの人員体制（厚生労働省社会・援護局・障
害保健福祉部・障害保健課, 2020）

（1）精神保健福祉センターの人員体制

　先に示したように，「精神保健福祉センター運営要領」では職員の
構成について示されているが，実際にどのような人員を何人配置する
かは，対象となる人口規模やその自治体の予算などによって異なって
くる。

　図 2-2 をみると，常勤職では保健師・看護師や事務職員が多く，次
いで心理職，精神保健福祉士，精神科医が続いている。非常勤では精
神科医が多いが，全体としては，それほど非常勤は多くはない。精神
保健福祉センターの平均的常勤職員は 13 名（精神科医 1 名，保健師 3 名，心
理職 2 名，事務職員 4 名ほか）となっている。しかし，常勤専任精神科医が
不在のセンターも 26.2%（65 センター中 17 センター）あり（野口, 2020），また
近年は精神科医・医師以外の専門職や事務職員の非常人職員の配置が
増えている傾向も指摘されている。

（2）精神保健福祉センターの業務

　「精神保健福祉センター運営要領」では目標の達成のために，精神
保健福祉センターが行う 9 つの業務があげられている（本書 p.42）。野口
の調査によると，精神保健福祉センターでは，依存症対策，ひきこも
り対策，自殺対策のように，新しい地域精神保健課題の優先度が高く
なっている（図 2-3）。自治体間の役割分担についても，ギャンブル等や
薬物，ゲームなどに対する依存症の回復支援や普及啓発などは精神保
健福祉センターが担うものとされている。

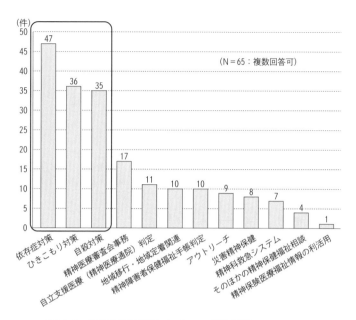

（N＝65：複数回答可）

図 2-3　精神保健福祉センターの優先事業（野口，2020）

　また，東京都立精神保健福祉センター（2022）の「事業概要令和 4 年版」では，令和 3（2021）年度における当該センターが行った精神保健福祉相談（個別相談＋こころの電話相談）のうち，「精神障害関連」が 5,087 件と最も多く，次いで「こころの健康」（1,429 件），「思春期・青年期」（742 件）であることが示されている（表 2-1）。このうち「精神障害関連」は減少傾向にあるものの，「こころの健康」は増加傾向にある。また，「アルコール関連」と「薬物関連」はあわせてここ数年 1,000 件超で推移している。

　新来相談（新規と再来の合計）は 470 件あり，このうち約 30％にあたる 142 件が「精神障害全般の相談（精神一般）」であった（表 2-2）。また，「アルコール関連問題」が 99 件，「薬物関連問題」が 97 件であり，新来相談の病名別件数（表 2-3）でも，「精神作用物質使用による精神及び行動の障害」が 111 件となっていることから，アルコールや薬物などの依存症に関わる相談が多いことが推測できる。依存症対策については，野口の調査においても，今後業務量が増加すると考えられているもの

表 2-1　東京都立精神保健福祉センターにおける精神保健福祉相談の年度別延べ件数（個別相談＋こころの電話相談）<small>（東京都立精神保健福祉センター，2022）</small>

区分＼年度	平成29 (2017)	平成30 (2018)	令和元 (2019)	令和2 (2020)	令和3 (2021)
総数	9,159	9,044	8,669	9,632	8,578
アルコール関連		647	658	628	635
アルコール	559	395	357	277	263
ギャンブル等		144	215	229	276
その他のアディクション		108	86	122	96
薬物関連	213	325	336	522	404
思春期・青年期	559	734	621	734	742
高齢者	41	237	174	229	274
精神障害関連	6,622	6,062	5,657	6,054	5,087
こころの健康	1,152	1,038	1,211	1,459	1,429
施設利用希望	13	1	12	6	7

表 2-2　東京都立精神保健福祉センターにおける新来相談件数（種別）<small>（東京都立精神保健福祉センター，2022）</small>

区分＼年度	平成29 (2017)	平成30 (2018)	令和元 (2019)	令和2 (2020)	令和3 (2021)
アルコール関連問題		98	112	111	99
アルコール	188	67	59	55	42
ギャンブル等		25	44	48	48
その他のアディクション		6	9	8	9
薬物関連問題		113	101	103	97
思春期・青年期	109	104	83	87	99
高齢者	63	47	3	2	5
施設利用	26	25	29	19	20
心の健康づくり	12	10	7	4	8
精神一般	231	235	169	156	142
合計	629	632	504	482	470

とされており，精神保健福祉センターは地域における依存症対策の中核を担うものであるといえる。

表 2-3　東京都立精神保健福祉センターにおける年度別新来相談件数（病名別）（東京都立精神保健福祉センター, 2022）

	診断名（ICD-10）	平成29 (2017)	平成30 (2018)	令和元 (2019)	令和2 (2020)	令和3 (2021)
F 0	症状性を含む器質性精神障害	43	27	8	2	9
F 1	精神作用物質使用による精神及び行動の障害	146	174	146	137	111
F 2	統合失調症, 失調症型障害及び妄想性障害	150	144	76	83	92
F 3	気分（感情）障害	28	29	18	26	35
F 4	神経症性障害, ストレス関連障害及び身体表現性障害	21	15	10	7	19
F 5	生理的障害及び身体的要因に関連した行動症候群	1	2	6	1	3
F 6	成人の人格及び行動の障害	7	8	22	16	10
F 7	知的障害（精神遅滞）	16	14	5	4	3
F 8	心理的発達の障害	74	87	79	66	52
F 9	小児期及び青年期に通常発症する行動及び情緒の障害及び特定不能の精神障害	2	2	3	4	1
G 40	てんかん	15	2	5	1	0
	未受診・保留	126	128	126	135	135
	合計	629	632	504	482	470

薬物依存症への心理的支援

　精神保健福祉センター（以下，センター）で働いている公認心理師の森さんは，薬物依存症の回復治療プログラム（以下，プログラム）のファシリテーターを担当している。プログラムは，物質依存のメカニズムや，物質使用に至る心理とその対処についてテキストを用いてグループ形式で学んでいくもので，森さんのセンターでは週に一回実施していた。

　中西さん（50代，男性）は覚せい剤取締法違反で有罪となり，半年ほど前に刑期を終えてこのプログラムに参加していた。森さんはプログラム参加前の中西さんの個人面談を担当していて，彼が知人に勧められ薬物使用に至ったこと，当時彼は30代後半で会社の重要な立場を任されており，その重圧から逃れたくて使用に至ったという経緯を聞いていた。中西さんは，最初は自力で薬物をやめられると思っていたが再使用してしまって2度目の逮捕に至ったこと，そこで初めて自分一人ではやめられないと悟ったことを，プログラムに参加し始めたきっかけとして話していた。しかし，プログラムを受けている際の中西さんの様子は受け身的・消極的で，ほとんど発言もしていなかったため，森さんは回復への動機づけが低いように感じて心配していた。

　そんな中西さんがある日のプログラムで口を開いた。「このプログラムに参加してしばらく経つけど，実は，私は一度も（薬を）やめたいと思っていないんです。むしろ，ずっと使いたいって思っています。だから，私はここにいていい人間なのか，ずっとわからなくて……」「実は先週父親が亡くなったんです。親子仲は悪かったんで別にいつ死んでもよかったし，悲しくもないんですけど。今，すごい使いたいって。もう明日には使っているかもしれません」と今までになく気持ちを吐露した。すると，ほかのメンバーが「俺も毎日使いたいって思っているから，同じだ」と言い，ほかの数人は無言で頷いていた。

　森さんは「今日は中西さんの本当に素直な気持ちを正直にお話しいただいたこと，嬉しく思います。今までと同じように，もちろんまた来週もあなたがここに来てくれることをみんなと一緒に待っていますよ」と伝えた。中西さんは目に涙をためて肩の力を下ろすように頷いた。

STEP1：薬物依存症を知る

　依存症全般に関しては第5章で触れるため，この章では依存症のなかでも薬物依存症のみに焦点を当てる。いわゆる薬物依存症は「物質関連症及び嗜癖症群（DSM-5-TR）」や「精神作用物質使用による精神及び行動の障害（ICD-10）」に含められ，大麻，幻覚剤，吸入剤，オピオイド，鎮静薬，睡眠薬，抗不安薬，精神刺激薬などの物質への依存症を指す。これらの物質使用のコントロールが難しく，それにより社会的障害が生じていたり危険な使用を繰り返していたり物質の摂取により身体に影響が出ていたりすることが依存症としての診断基準となる。

　近年では，覚せい剤や大麻に限らず，巷ではMDMAや5-MEO-DIPTなどの「危険ドラッグ」「合法ドラッグ」「脱法ハーブ」とも呼ばれる薬物が流通し，それを使用して逮捕される有名人がマスコミをにぎわすこともあるが，それを使用することは違法だと知りながらも一体なぜ人はやめられなくなってしまうのだろうか。

STEP2：依存のメカニズムを知る

　依存は「身体依存」と「精神依存」に分類される。身体依存は，薬物使用により身体機能のバランスがなんとか保たれている状態で，使用をやめることによって手の震えや幻覚などの症状が出現してしまう状態のことである。これは一般的には離脱症状と呼ばれ，断薬を継続できればその症状は消失する。この身体依存は依存症の本質ではないが，これがあることで精神依存を強めてしまうことがある。一方，精神依存は，自分で薬物摂取を適量にとどめること（やめること）ができない制御不能な状態のことである。これが依存症の本質である。

　では，この精神依存はどのように形成されるのであろうか。それは脳の報酬系回路の変化にある。私たちが物事を感じたり考えたりできるのは，脳内の神経細胞がさまざまな情報伝達を行っているからであるが，薬物が体内に入るとそれは脳に侵入して情報伝達の働きにも影響を与える。報酬系回路は，中脳辺縁系を中心とするドーパミン神経系（A10神経系）からなる（図2-4）。私たちが薬物などを摂取し興奮すると，腹側被蓋野では快楽物質であるドーパミンが分泌される。そのドーパミンは側坐

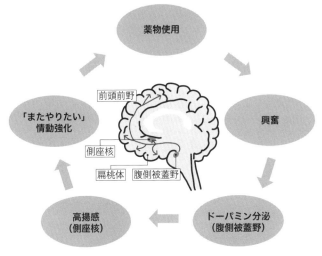

図2-4　脳内の報酬系回路とそのメカニズム

核や前頭前野に作用するが，側坐核では高揚感をもたらし，前頭前野ではこの快楽や高揚感を鮮明に記憶して「またあの感覚を得たい！」という情動を強化させる。この情動の強化は，また薬物を使用して高揚感を得ようとする行動を引き起こす。このようにして，薬物使用（依存症）の脳内の報酬系回路が形成される。さらに薬物の耐性がついてしまうと，使用量を増やさないと以前と同等の高揚感が得られなくなってしまうため，報酬を求めるための行動がエスカレートしていき，もはや自分の意思でコントロールすることができなくなってしまうのである。中西さんも薬物使用当初は簡単にやめられると思っていたが，2度も逮捕されるほど常用してしまっており，自分の意思ではコントロールできないほどに脳内の報酬系回路が形成されてしまっていた。

STEP3：依存の本質を理解する

　このように，精神依存はその人の「意思が弱いから」「だらしないから」「努力や根性が足りないから」生じるものではなく，脳の報酬系回路のメカニズムによるものである。それゆえ条件さえそろえば誰にでも精神依存は生じ得るわけであり，やめたくてもやめられないというのは症

状なのである。

　Khantzian と Albanese（2008）は，依存症の本質を「快楽の追求」ではなく「心理的苦痛の減少・緩和」と捉える「自己治療仮説（self-medication theory）」を提唱している。つまり，薬物依存症者は「楽しみたい」「快楽を得たい」という欲求から薬物を使用するのではなく，薬物を使用する以前から対人関係に困難が生じていたり，孤立していたり，生きづらい状況にあったりと心理的苦痛を抱えており，それを癒すために薬物を使用するのだということである。中西さんも仕事上の重要な立場についたことがストレスとなり，その重圧から解放されたくて薬物を使用したという経緯があった。そして，回復支援プログラムに参加していても，父親の死というストレスによって再使用したい欲求が高まっていた。実際，苦痛を抱えている人のほうが依存症になりやすく回復しにくいといわれており，薬物依存症患者の55％に併存精神障害（うつ，不安，PTSD，統合失調症など）があり，大半は薬物乱用開始前から存在しているという報告がある（松本ら，2017）。すなわち，薬物依存症の治療や支援には根性論ではなく，彼らが抱えている心理的苦痛の減少・緩和が求められているのである。

STEP4：治療と支援のポイントを知る

　現在のところ，薬物依存症に対して特効薬といえるような治療法は残念ながら存在しない。一旦，脳内の報酬系回路が形成されてしまうと以前の状態に戻すことは難しいといわれている。しかしながら，さまざまなサポートを得ながら断薬を継続できれば，問題のない社会生活を送ることができる。たとえば，NA（ナルコティクス・アノニマス）という自助グループへの参加や DARC（ダルク）といった回復施設の利用である。また併存する精神疾患の治療を行ったり，認知行動療法をベースとした治療回復プログラムに参加したりすることも有効であろう。一人でコントロールし続けることは困難であり，薬物依存症への治療や支援で重要なのは「正直に言える場所をつくること」と「孤立しないこと」である。森さんは，回復治療プログラムのなかで中西さんが薬物への渇望の気持ちを吐露したとき，この2つのポイントを含めたメッセージを彼に返し

ている。

　心理職を含めた依存症治療に関わる支援者が留意すべき点は以下である（今村, 2019）。

　○安心・安全な場所を提供すること

　　患者が安心して渇望の気持ちや失敗（再使用）したことを話せるような場や治療関係をつくることが大切である。また患者が自分のことを正直に話すことができ，一方で正直であることを強制されないような雰囲気をつくることで，患者は安心感や居心地のよさを体験し，治療の継続が期待できる。

　○積極的に報酬を用いること

　　治療や支援につながり続けることは簡単なことではない。そのため，その場（病院やミーティングなど）に来たことを歓迎し，問題行動に対して罰を与えるのではなく，望ましい行動があった場合には積極的に報酬（褒める・シール・スタンプ・賞状など）を与え，治療の動機づけを高めたり維持したりすることが大切である。

　○つながりを大切にすること

　　上述したように「孤立しないこと」「孤独にならないこと」は，薬物依存症にとって大変重要なことである。そのため，たとえ再使用したとしても，治療の場につながり続けるようにする。また，自助グループや地域の社会・福祉資源など，回復に役立つネットワークにつながっていくことも重要である。

　○両価的気持ちを理解すること

　　治療・支援する側はその任務や役割から，どうしてもやめさせたい気持ちやコントロールさせたい気持ちが強くなって，患者の意欲のなさや渇望する気持ちに対して共感不全を起こしてしまい，時にイライラしたり説教をしたくなったりすることもある。しかしながら，患者は常に薬物をやめたい気持ちと使いたい気持ちの間で揺れ動いているため，支援者はその患者の両価的な気持ちを理解して接する姿勢を忘れないようにしたい。

事 例

秋山さんは精神保健福祉センターに勤める公認心理師で，薬物依存症の回復治療プログラムのファシリテーターをしている。ある日のプログラムに，ここ一か月ほど顔を見せていなかった夏木さん（34歳，男性）が久しぶりに現れた。夏木さんは覚せい剤で2度逮捕されていたが，この2年半の間は断薬してプログラムにも定期的に参加していた。ほかのメンバーは久しぶりに来た彼に「久しぶり」と笑顔で声をかけていたが，プログラム中の彼は浮かない表情で佇んでいた。その日のテーマは「再発を防ぐ」についてで，参加メンバーは各々の思いを語った。メンバーAは「今，必死でスベらない（再使用しない）ように頑張っている。刺激を受けないように。薬の話は聞きたくない」と述べ，メンバーBは「使いたい気持ちとやめたい気持ちが常にある」と述べた。またメンバーCは再使用しないために努力していることを語った。そんななか，夏木さんが，1か月前から薬物を再使用していたこと，使ってみるととても楽になったこと，やっぱり自分はやめられないのだと悟ったことを淡々と話した。あまり反省しているようにはみえない夏木さんに，メンバーAは「正直あなたの話を聞きたくない」といらだった態度をみせ，一方でメンバーBはただ黙って聞いていた。また，メンバーCは「こうやってみんなで頑張ってきたのに」とつぶやいた。プログラムは不穏な雰囲気に包まれ，秋山さんはこの事態にどう対応しようかと困惑した。

考えてみよう！

薬物を再使用した夏木さんが，どのような思いでこの日に参加したのか，どんな心情にあるのか，夏木さんの立場になって考えてみましょう。

話し合ってみよう！

たとえ回復するためのプログラムであっても，参加者の思いや考えは異なっており，メンバーが衝突して場が不穏になることもあります。本事例では，秋山さんはどのようにメンバーに言葉をかければよいでしょうか。回復支援プログラムの意図やその存在意義を踏まえて，みんなで話し合ってみましょう。

ロールプレイをしてみよう！

①公認心理師の秋山さん，②夏木さん，③メンバーA，④メンバーB，⑤メンバーCの5人が話し合う場面を想定してロールプレイをしてみましょう。患者役（②〜⑤）はそれぞれの心情を想像して，ファシリテーター役（①）は彼らにどう働きかければよいのかを考えてやってみましょう。

学校現場で医療機関との協働・連携を図るとき

児童・生徒の精神状態によっては，スクール・カウンセラー（以下，SC）など教育機関で働く心理職も学校医や外部の医療機関との協働・連携を図る必要が生じてくる。

では，教育機関の心理職は，医療機関とどのように協働・連携をすることが望まれるのだろうか。たとえば，学校不適応を訴えた生徒の話を聞いていくなかで統合失調症様の症状が認められ病院受診を勧める場合や，カウンセリング経過中に症状が悪化して精神科受診の必要性が生じてきた場合が考えられる。そのような医療機関との協働・連携が必要な場面に遭遇したら，まずは管理職や担任，養護教諭などと校内連携を行い，対応方針について学校組織として検討する必要がある。SCの自己判断で児童・生徒の主治医と連絡をとるのではなく，関係教職員と医療機関との協働・連携することの必要性など対応策に関して十分に話し合い，最終的には管理職がその決定を行う。並行して，児童・生徒本人に対しても協働・連携の必要性を説明して，年齢相応に理解をしていることを確認する。また，保護者との話し合いも重要であり，保護者が協働・連携の必要性について十分に理解して納得していることを確認の上で話を進めていくことが求められる。医療機関の情報を共有する際には，個人情報保護の観点から保護者から書面で同意書をもらうなどの手続きが必要となることにも留意する。なお，児童虐待が疑われる場合は，医師にも教職員にも通告の義務が定められているため，保護者の同意なく情報共有したとしても守秘義務違反には問われない。

医療機関と協働・連携することを生徒本人に伝える際に留意することとしては，第一に，生徒本人との信頼関係をしっかりと築いておくことである。また，児童・生徒が医療機関につながることに過度な不安や見捨てられ感をもたないように配慮する。保護者に伝える際に留意することとしては，心の問題への言及や，精神科や心療内科などの紹介に対して，保護者が抵抗感を抱く可能性があるということである。いまだ社会には，心の問題や精神科医療に関するスティグマが根強くあるため，説明する際にはこの点を十分汲みながら行うことが必要である。また，保護者が子育てに無力感を抱いたりプライドを傷つけられたと思ったりしないように配慮することや，学校としても継続的に支援することを伝えることも大切である。

継続的に支援を行う際には，学校・保護者・医療機関の間で支援方針を一致させ，役割分担をするために，支援者会議を開くことも重要である。SCは心の専門家であり，医療機関との協働・連携に関して主要な役割を担うが，非常勤として勤務している場合も多い。そのため校内・外部連携をスムーズに行うためには，担任や養護教諭，管理職などに協力を求めることが必要である。

このように，本人や保護者への配慮を行いながら，チーム学校（組織）として意思決定を行い，医療機関との協働・連携を図ることが求められている。

第 3 章

精神障害者に対する医療

精神保健福祉法②

第1章で紹介したように，日本における精神障害者数（精神疾患を有する患者数）は増加傾向にある。精神障害・精神疾患に対しては，予防，早期発見，適切な治療と再発予防という3つの取り組みがあり，それぞれにおいて必要な措置が求められている。精神保健福祉法では，精神障害者に対する医療のあり方について規定されている。そこで，本章では，精神保健福祉法における精神障害者に対する医療のあり方について，特に精神科病院などへの入院に注目してみていきたい。

なお，本章でも第2章同様，2024年4月から施行される改正精神保健福祉法に基づくこととする。

1．精神保健福祉法

（1）精神障害者等に対する国・地方公共団体の義務

第2章でも説明したように，精神保健福祉法では，国および地方公共団体に対して，精神障害者の発生と予防その他国民の精神保健の向上のための施策を講じなければならないとしている。

> 国及び地方公共団体は，障害者の日常生活及び社会生活を総合的に支援するための法律の規定による自立支援給付及び地域生活支援事業と相まって，医療施設及び教育施設を充実する等精神障害者の医療及び保護並びに

保健及び福祉に関する施策を総合的に実施することによって精神障害者が社会復帰をし，自立と社会経済活動への参加をすることができるように努力するとともに，精神保健に関する調査研究の推進及び知識の普及を図る等精神障害者の発生の予防その他国民の精神保健の向上のための施策を講じなければならない。(精神保健福祉法　第2条)

　また，第2章で説明したように，都道府県は地方精神保健審議会を設置することができる (精神保健福祉法第9条)。さらに，都道府県は，精神科病院を設置しなければならず (同法第19条の7)，あるいは国・都道府県・地方公共団体および地方独立行政法人以外の者が設置した精神科病院を指定して，都道府県が設置する精神科病院に代わる施設 (以下，「指定病院」という) とすることができる (同法第19条の8)。また，都道府県は，精神障害の救急医療が適切かつ効率的に提供されるように，精神科救急医療体制の確保・整備を図ることが求められている (同法第19条の11)。

　精神障害者の医療に関して，都道府県は**精神医療審査会**を設置することになっている (精神保健福祉法第12条)。精神医療審査会は，病院管理者から都道府県に提出された医療保護入院者の入院届，医療保護入院者や措置入院者の定期病状報告，精神科病院に入院中の患者やその家族等から，退院請求または処遇改善請求を受け，その入院の必要があるかどうかや，その処遇が適当であるかどうかを審査することとなっている (同法第38条の3第2項および同法第38条の5第2項)。精神医療審査会は，精神障害者の医療に関する学識経験者2名以上，精神障害者の保健または福祉に関する学識経験者1名以上，法律に関する学識経験者1名以上の委員5名をもって構成される (同法第14条第1項および第2項)。

(2) 精神保健指定医

　精神障害者の医療において重要な役割を果たすのが**精神保健指定医**である。精神科医療では，精神障害者本人の意思によらない入院や，一定の行動制限を行うことがある。そのため，これらの業務を行う医師には，患者の人権にも十分に配慮した医療を行うに必要な資質を備

えている必要があるとの考えから，1987年の精神衛生法改正（精神保健法成立）の際に創設されたものである。

　精神保健指定医は，①5年以上診断または治療に従事した経験がある，②3年以上精神障害の診断または治療に従事した経験がある，③厚生労働大臣が定める精神障害について厚生労働大臣が定める程度の診断または治療に従事した経験がある，④厚生労働大臣の登録を受けた者が厚生労働省令で定められた研修の課程を修了している，という4つの要件をすべて満たすものが申請し，厚生労働大臣によって指定される（精神保健福祉法第18条）。

　精神保健指定医の職務については，表3-1の通りである。のちにも説明するが，精神保健指定医の診察の結果によって，本人が望まなくても，入院をさせることができたり，精神科病院の管理者は任意入院者が退院を希望しても，72時間に限り，退院させないことができたりする。精神保健指定医は，このような重大な判断に関わる診察などを行っているのである。

表3-1　精神保健指定医の職務

入院時	1．措置入院，緊急措置入院時の判定※ 2．医療保護入院時の判定 3．応急入院時の判定
入院中	4．措置入院者の定期病状報告に係る診察 5．医療保護入院者の定期病状報告に係る診察 6．任意入院者の退院制限時の診察 7．入院者の行動制限の診察
退院時	8．措置入院者の措置症状消失の判定 9．措置入院者の仮退院の判定 10．措置入院の解除の判定※ 　　（都道府県知事等が指定する指定医による診察の結果に基づく解除） 11．任意入院者のうち退院制限者，医療保護入院者，応急入院者の退院命令の判定※
移送	12．措置入院者・医療保護入院者の移送に係る行動制限の判定※ 13．医療保護入院等の移送を必要とするかどうかの判定※
その他	14．精神医療審査会委員としての診察※ 15．精神病院に対する立入検査，質問および診察※ 16．精神障害者保健福祉手帳の返還に係る診察※ 17．上記2〜9の職務を行った際の診療録記録の記載義務

注）※は公務員として行う精神保健指定医の職務（都道府県知事等が地方公務員等として委嘱）
資料）厚生労働省ホームページ（https://www.mhlw.go.jp/content/000901764.pdf）より作成

(3) 精神障害者の入院

　精神保健福祉法では，精神障害者の入院として，任意入院，措置入院，緊急措置入院，医療保護入院，応急入院，の5つを規定している。これらは図3-1のようにまとめられる。それぞれについて，詳しくみていく。

1）任意入院

　任意入院とは，精神障害者本人の意思・同意に基づいて行われる入院であり，精神科病院の管理者は，精神障害者を入院させる場合，本人の同意に基づいて入院が行われるように努めなければならないとされている（精神保健福祉法第20条）。

　精神障害者自らの意思・同意に基づいて入院しているため，退院についても，原則として，精神障害者から申し出があった場合には，精神科病院の管理者は退院させなければならない（同法第21条の2）。ただし，精神保健指定医の診察の結果，精神障害者の医療および保護のために入院を継続する必要があると認められる場合は，72時間に限り，その精神障害者を退院させないことができる（同法第21条の3；精神保健指定医以外の医師の場合は12時間，同法第21条の4）。精神科病院の管理者は，この期間に治療などを行い，退院が可能であれば退院をさせ，退院させることが困難である場合には，医療保護入院や措置入院に切り替える

図 3-1　精神保健福祉法における入院

手続きをとることになる。

2）措置入院と緊急措置入院

　精神保健福祉法では，精神障害者やその疑いのある者を知った場合，誰であっても，その者について精神保健指定医の診察や必要な保護を都道府県知事に申請することができるとしている（精神保健福祉法第22条第1項）。具体的には，警察官による通報（同法第23条），検察官による通報（同法第24条），保護観察所長による通報（同法第25条），矯正施設^{メモ}長による通報（同法第26条）などがあげられている。都道府県知事はこのような申請や通報，届け出があった精神障害者やその疑

いのある者について，調査のうえ，必要があると認めた場合は，精神保健指定医に診察させなければならないとしている（同法第27条第1項）。そこで，その診察を受けた者が精神障害者であり，かつ，医療および保護のために入院させなければ，その精神障害のために自傷他害の恐れがあると認めることについて，各指定医の診察結果が一致した場合に，都道府県知事の指示よりその者を国などの設置した精神科病院または指定病院に入院させることができる（同法第29条第1項）。これを措置入院と呼ぶ。また，急速を要する場合には，このような精神障害者に対し，精神保健指定医1名の診察結果に基づいて，72時間を上限に精神科病院や指定病院に入院させることを，緊急措置入院と呼ぶ（同法第2条の2）。措置入院においても緊急措置入院においても，精神障害者本人や家族等の同意は不要である。また，措置入院や緊急措置入院の費用は，都道府県が負担することになる（同法第30条）。

　精神科病院や指定病院の管理者は，精神保健指定医の診察の結果，措置入院をしている精神障害者が入院を継続しなくても，その精神障害のために自傷他害をする恐れがないと認められた際には，最寄りの保健所長を経て都道府県知事に届け出なければならない（同法第29条の5）。都道府県知事はその届け出を受け，直ちに，その者を退院させなければならないとしている（同法第29条の4）。このように，措置入院者

が退院することを，**措置解除**と呼ぶ。この際，精神障害のために自傷他害の恐れがなくなっていると認められるのであれば，精神障害そのものが治っていなくても措置解除となる。

3）医療保護入院と応急入院

医療保護入院とは，精神保健指定医の診察により，精神障害者であり，かつ，医療および保護のために入院が必要であると判断されるが，本人が入院に同意しない／できない場合に，6か月を上限として行われる入院のことである。措置入院と異なり，自傷他害の恐れは要件には含まれない。また，都道府県知事の指示などによる強制的な入院ではなく，配偶者や親権者，扶養義務者など家族等^{メモ}による同意が必要である。この家族等による同意は，誰か一人が同意していればよい。そのため，たとえば配偶者が入院に同意していなくて

> ✐メモ
> **家族等**
> 医療保護入院に同意できる「家族等」には，配偶者，親権を行う者，扶養義務者，後見人または保佐人が含まれる。ただし，行方の知れない者や未成年者などは除かれる。

も，その子どもが同意をすれば，医療保護入院をすることができる。なお，家族等がいない，あるいは家族等の全員が入院に対する意思を表示することができない場合（知的障害や認知症であったりする場合など），精神科病院の管理者は，その精神障害者の居住地を管轄する市区町村長の同意を得ることで医療保護入院をさせることができる（同法第33条第2項）。また，精神科病院の管理者は，医療および保護の依頼があった精神障害者について，急速を要し，その家族等の同意を得ることができない場合は，本人の同意がなくても，72時間を上限に，応急入院指定病院に入院させることができる（同法第33条の6）。これを応急入院と呼ぶ。なお，精神科病院の管理者は緊急その他やむを得ない理由があるときは，精神保健指定医に代わり特定医師^{メモ}の診察に基づいて，12時間を上限に医療保護入院または応急入院をさせることができる（同法第33条第3項および同法第33条の6第2項）。また，都道府県知事は，精神障害者が医療保護入院や応急入院に該当する状態にある場合

> ✐メモ
> **特定医師**
> 特定医師は，(1) 医師免許取得後4年以上であり，(2) 2年以上の精神科臨床の実務経験があり，(3) 精神科医療に従事する医師として著しく不適当ではない者，という3つの要件を満たす医師のことである。

は，家族等のうちいずれかの者の同意があるときは精神科病院に移送することができる（同法第34条第1項）。

　医療保護入院の入院時に決められた入院期間が過ぎると，引き続き入院を継続するか，退院に向けて取り組むかについて，医療保護入院者退院支援委員会で議論される（委員会については，第4章で説明する）。委員会で引き続き医療および保護の必要があると判断した場合には，精神科病院の管理者は家族等の同意の下，6か月以内で入院を更新することができる（同法第33条第6項）。一方，医療および保護の必要性がなく退院が適切であると判断された場合には，退院に向けた準備が進められる。なお，退院の際には，医師による診断・判断と，家族等による退院に対する同意が必要となる。精神科病院の管理者は，医療保護入院者を退院させたときには，10日以内に，その旨を最寄りの保健所長を経て都道府県知事に届け出なければならないとされている（同法第33条の2）。

（4）精神科病院における処遇等

　精神科病院には，病棟の出入りが自由にできる構造の開放病棟と，出入り口が常時施錠されており，病院職員が解錠しない限り，入院患者が自由に出入りできない構造の閉鎖病棟がある。閉鎖病棟や，行動の制限（隔離，拘束）は，入院している精神障害者の自由な行動を大きく制限するものである。そのため，精神科病院の管理者は，精神障害者の医療および保護に欠くことのできない場合にのみ，必要な行動制限を行うことができるとされている（同法第36条第1項）。

　行動の制限には，隔離と拘束がある。**隔離**は，対象となる入院している精神障害者をほかの患者と異なる閉鎖的環境の部屋に一人だけ入れるものであり，**拘束**は身体的拘束用の帯などを使ってベッドなどに縛ったりすることである。これらについては，次節で説明する。なお，このような行動の制限は必要最低限のものとされ，行動制限を行った場合は毎日診察をしてその必要性を判断し，行動制限をする必要がないと判断された場合には，すぐに制限を解除しなければならない。また，精神科病院の管理者は**行動制限最小化委員会**^{メモ}を設置し，

行動制限をできるだけ減らせるよう検討することも求められている。

また，2024年4月から施行される改正精神保健福祉法には，精神科病院における業務従事者による障害者虐待についての規定が盛り込まれた。

> 精神科病院において業務従事者による障害者虐待（業務従事者が，当該精神科病院において医療を受ける精神障害者について行う次の各号のいずれかに該当する行為をいう。以下同じ。）を受けたと思われる精神障害者を発見した者は，速やかに，これを都道府県に通報しなければならない。(精神保健福祉法第40条の3)

精神科病院における精神障害者に対する虐待を防止するため，精神科病院の管理者は，当該精神科病院における精神障害者に対する虐待の防止に関する意識向上のための措置，業務従事者やその他の関係者に対する精神障害者の虐待防止のための研修の実施や普及啓発，当該精神科病院で医療を受ける精神障害者に対する虐待に関する相談に係る体制の整備とこれに対処するための措置など，精神障害者に対する虐待を防止するために必要な措置を講じなければならない（同法第40条の2第1項）。

2．精神障害者の入院時の行動制限

前節で示したように，精神保健福祉法では精神科病院に入院する精神障害患者に対して，精神科病院の管理者が必要な制限を行うことを認めている。しかし，行動の制限は，精神障害者の自由な行動を妨げるものであり，慎重に行われなければならない。そのための基準として「精神保健及び精神障害者福祉に関する法律第37条第1項の規定に基づき厚生労働大臣が定める基準」（厚生省告示第130号）がある。ここでは，この「基準」について詳しくみていく。

(1) 基本理念

　精神障害者の行動制限には，人権（尊厳）上の問題だけでなく，肺塞栓症などによる死亡，筋力低下，褥瘡などの身体的な影響や，トラウマ，ほかの入院患者との関わり・コミュニケーションの不足，医療従事者に対する患者やその家族の陰性感情の生起などの心理的な影響が考えられるため，慎重に行わなければならない。そのため「基準」には，入院患者の処遇および行動制限について，以下の基本理念を示している。

> 入院患者の処遇は，患者の個人としての尊厳を尊重し，その人権に配慮しつつ，適切な精神医療の確保及び社会復帰の促進に資するものでなければならないものとする。また，処遇に当たって，患者の自由の制限が必要とされる場合においても，その旨を患者にできる限り説明して制限を行うよう努めるとともに，その制限は患者の症状に応じて最も制限の少ない方法により行われなければならないものとする。

(2) 通信・面会

　通信とは手紙（信書）の授受や電話のことであり，面会とは，家族やお見舞いに来た人と会うことである。「基準」には通信・面会について，以下のように書かれている。

> 精神科病院入院患者の院外にある者との通信及び来院者との面会（以下「通信・面会」という。）は，患者と家族，地域社会等との接触を保ち，医療上も重要な意義を有するとともに，患者の人権の観点からも重要な意義を有するものであり，原則として自由に行われることが必要である。

　このように，通信や面会は自由に行えることが原則となっており，面会や電話については医療従事者の立ち会いなく行えるようにしなければならない。しかし，たとえば面会や電話をすることによって入院患者が動揺し，症状が悪化することなども想定される。そのため，面会や電話については「症状の悪化を招き，あるいは治療効果を妨げる等，医療又は保護の上で合理的な理由のある場合であって，かつ，合理的な方法及び範囲」において制限をすることができるとされてい

る。ただし，都道府県・地方法務局などの人権擁護に関する行政機関の職員との面会や電話，入院患者の代理人である弁護士との面会や電話，入院患者本人または家族等の依頼によりその入院患者の代理人になろうとする弁護士との面会については，制限をすることはできない。

また，手紙（信書）については，一切，制限をすることはできない。例外的に，刃物や薬物などの異物が同封されていると判断される手紙については，入院患者に手紙を開封させ，異物を取り出すが，手紙自体は入院患者に渡さなければならない。もちろん，家族やその他の関係者からの手紙の内容によっては，入院患者を動揺させたり，症状を悪化させたりすることも考えられる。そのような場合であっても，手紙の授受は制限できないことから，家族やその関係者などに事情を説明し，手紙の送付を控えるよう依頼することになる。

(3) 隔離

隔離の目的について，「基準」では，以下のように記載されている。

> 患者の隔離は，患者の症状からみて，本人又は周囲の者に危険が及ぶ可能性が著しく高く，隔離以外の方法ではその危険を回避することが著しく困難であると判断される場合に，その危険を最小限に減らし，患者本人の医療又は保護を図ることを目的として行われるものとする。

また，隔離の対象となる患者については，以下に該当する場合に限られている。

> ①他の患者との人間関係を著しく損なうおそれがある等，その言動が患者の病状の経過や予後に著しく悪く影響する場合
> ②自殺企図又は自傷行為が切迫している場合
> ③他の患者に対する暴力行為や著しい迷惑行為，器物破損行為が認められ，他の方法ではこれを防ぎきれない場合
> ④急性精神運動興奮等のため，不穏，多動，爆発性などが目立ち，一般の精神病室では医療又は保護を図ることが著しく困難な場合
> ⑤身体的合併症を有する患者について，検査及び処置等のため，隔離が必要な場合

隔離は，入院患者本人や周囲の者（ほかの入院患者や医療従事者など）に対して危険を回避することが目的であり，制裁や懲罰，見せしめのために行ってはならないとされている。12時間以上の隔離をする場合は，精神保健指定医の判断が必要であり，隔離をする際には，その患者に対して隔離を行う理由を知らせるように努めるとともに，隔離を行ったことやその理由，隔離を開始・解除した日時を診療録に記載しなければならない。

(4) 身体的拘束

身体的拘束は，専用の拘束用の帯などを用いて，患者をベッドなどに縛りつけ，身動きがとれなくすることである。患者の行動の自由を大幅に制限するため，その実施には慎重を期する必要がある。「基準」では，身体的拘束について以下のような基本的考え方を示している。

> 身体的拘束は，制限の程度が強く，また，二次的な身体的障害を生ぜしめる可能性もあるため，代替方法が見出されるまでの間のやむを得ない処置として行われる行動の制限であり，できる限り早期に他の方法に切り替えるよう努めなければならないものとする。

また，対象となる患者については，以下に該当する場合に限られている。

> ①自殺企図又は自傷行為が著しく切迫している場合
> ②多動又は不穏が顕著である場合
> ③①又は②のほか精神障害のために，そのまま放置すれば患者の生命にまで危険が及ぶおそれがある場合

これらの状態に該当するからといって，身体的拘束を行うことができるわけではない。身体的拘束を行うためには，①切迫性（患者本人または周囲の者の生命や身体が危険にさらされる可能性が著しく高い），②非代替性（身体的拘束以外に代替する方法がない），③一時性（身体的拘束は一時的なものである），という3要件を満たしていなければならない。また，身体的拘束は患者などの保護や重大な身体損傷を防ぐことに重点を置いたものであり，隔

離同様，制裁や懲罰，見せしめのために行ってはならない。

　身体的拘束を行う際には，身体的拘束を行う目的のために特別に配慮してつくられた衣類または綿入り帯などを使用しなければならず，手錠などの刑具や身体的拘束以外の目的で使用する紐や縄などは使用してはならない。また，隔離同様，身体的拘束を行う際にもその理由などを患者に伝えるとともに，必要事項を診療録に記載しなければならない。

3. 精神科病院の入院とその様態

(1) 精神科病院在院患者の推移

　精神科病院の入院患者数は，2020 年で約 27 万人となっており，減少傾向にある。そのうち，任意入院の割合は減少傾向にある一方，医療保護入院の割合は増加している (図 3-2)。

　措置入院者はここ 10 年ほど，1,500 人前後で推移している (図 3-3)。このうち 70％程度が「統合失調症，統合失調症型障害および妄想性障害」に含まれるものである。また，医療保護入院は 13 万人程度で推移しており，そのうち「統合失調症，統合失調症型障害および妄想性障害」は 50％程度であり，また，25％程度は「症状性を含む器質性精神障害」(認知症など) である (図 3-4)。

(2) 行動制限の現状

　精神科病院において隔離および身体的拘束は，約 2 万 4 千件行われている (指示件数：図 3-5)。身体の拘束は男女ほぼ同数であるが，隔離については男性のほうが女性よりも 2 千件ほど多くなっている。また，年齢別でみると，隔離は 40 歳以上 65 歳未満で多くなっており，身体的拘束は 75 歳以上で多くなっている (図 3-6)。

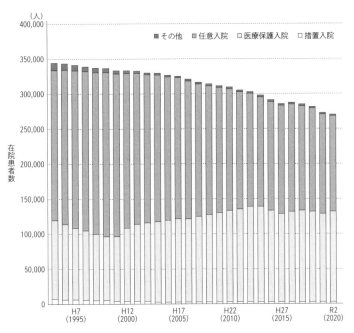

※平成11年精神保健福祉法改正において医療保護入院の要件を明確化（任意入院の状態にない旨を明記）
資料出所：厚生労働省障害保健福祉部精神・障害保健課調べ（各年度6月30日現在）

図3-2　精神科病院の在院患者数の推移と入院形態ごとの割合（厚生労働省，2022bより作成）

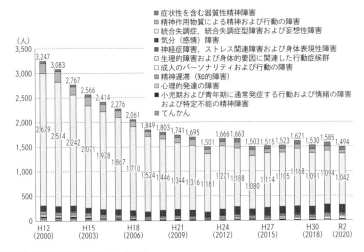

資料出所：「精神保健福祉資料」より作成

図3-3　措置入院患者の推移（厚生労働省，2022bより作成）

3. 精神科病院の入院とその様態　∥　**69**

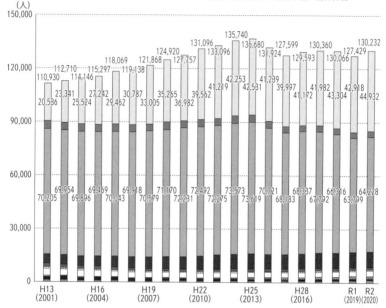

凡例（上部）

- □ 症状性を含む器質性精神障害
- ■ 精神作用物質による精神および行動の障害
- ▨ 統合失調症，統合失調症型障害および妄想性障害
- ■ 気分（感情）障害
- ■ 神経症障害，ストレス関連障害および身体表現性障害
- ⊠ 生理的障害および身体的要因に関連した行動症候群
- □ 成人のパーソナリティおよび行動の障害
- ▨ 精神遅滞（知的障害）
- ▨ 心理的発達の障害
- ■ 小児期および青年期に通常発症する行動および情緒の障害および特定不能の精神障害

図 3-4　医療保護入院患者の推移（厚生労働省，2022b より作成）

資料出所：「精神保健福祉資料」より作成

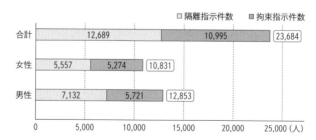

凡例：□ 隔離指示件数　■ 拘束指示件数

	隔離指示件数	拘束指示件数	合計
合計	12,689	10,995	23,684
女性	5,557	5,274	10,831
男性	7,132	5,721	12,853

資料出所：精神保健福祉資料（2020 年 6 月 30 日時点）より作成

図 3-5　隔離・身体的拘束指示件数（性別）（厚生労働省，2022a）

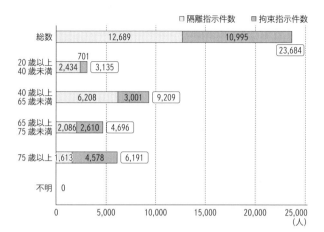

資料出所：精神保健福祉資料（2020年6月30日時点）より作成

図3-6　隔離・身体的拘束指示件数（年齢階級別）（厚生労働省，2022a）

事例を読む 🔍

統合失調症への心理的支援

　　土屋さん（20代，女性）は，大学1年時まで成績も優秀でサークル活動も行っていたが，2年時春頃から夜眠れず，疲労感や倦怠感を訴え大学を休み始めた。次第に家族との食事も避け，自室にひきこもるようになった。ある日，近くの川で，着ている服のなかに河原の石を詰めて，入水自殺を図ろうとしたところを警察に保護され，精神科病院に措置入院になった。診察では「自分の考えていることがラジオで流されていた」「どこにいても監視されている」「死ね，死ねという声が聞こえる。お前なんか必要ないっていう声が聞こえた」ことなどを理由に自殺を図ったと話した。

　　薬物療法を開始し2か月後に陽性症状は落ち着いた。しかし，主治医を含め病棟スタッフやほかの入院患者に対しても一切口を開かず，一日中ベッドの上でじっとしていた。しばらくして主治医は治療の一環として入院集団精神療法の参加を促したが，土屋さんはまったく興味を示さなかった。入院集団精神療法を担当していた公認心理師の小林さんは，土屋さんが参加しやすいように毎回声をかけ関係づくりを行おうとしたが，彼女は布団を被ったまま無反応で，相変わらず他者とは一切話そうとしない日々が続いた。それでも小林さんは声をかけ続けた。

　　ある日，小林さんが集団療法室でその日の準備をしていると，土屋さんが扉の前で突っ立っているのに気づいた。小林さんが扉を開けて迎え入れると，すっと部屋に入ってきて，窓辺に立ち外の空を見上げた。小林さんも土屋さんさんと同じように窓の外に目をやると，空の遠くのほうに黄色い物体が小さく飛んでいるのが見えた。小林さんは咄嗟に言葉が出てこず「あれ？　飛んでいる。何だっけ？　あれ。飛んでいるね」と言った。すると，とても小さな声で「ひ，こう，せ，ん」と土屋さんが発した。「そうだ，飛行船だね」と返すと，土屋さんは小さくコクリと頷いた。

　　この小さくも意味のある土屋さんとのエピソードを小林さんはチームに伝えた。メンバーは驚くとともに，土屋さんが安全感をもち始め，社会性の萌芽が出てきたことを共有した。その後，土屋さんは集団療法に顔を出し，話さないまでもその場にいて時間を過ごすようになった。

STEP1：統合失調症を知る

　統合失調症とは，思考や行動，感情をひとつの目的に沿ってまとめていく能力（統合する能力）が長期にわたって低下し，その経過中にある種の幻覚，妄想，ひどくまとまりのない行動がみられる病態である（日本精神神経学会，2015）。統合失調症は人口の約1％にみられ，好発年齢は男性で18歳〜25歳程度，女性は20代以降で，多くは思春期〜青年期以降に症状が出現する。統合失調症の正確な原因は不明であるが，遺伝的要因と環境的要因が組み合わさって発症することが示唆されている。

　統合失調症の症状は大きく分けて「陽性症状」「陰性症状」「認知機能障害」の3つに分けることができる（表3-2）。陽性症状は，妄想・幻覚など，正常な精神機能に歪みが生じたもので，陰性症状は，自閉・感情鈍麻・思考貧困など，正常な精神機能が低下したり，失われたりするものである。認知機能障害は，記憶力，注意・集中力，判断力などに問題が生じる。土屋さんの場合は，思考伝播（「自分の考えていることがラジオで流れている」），注察妄想（「どこにいても監視されている」），幻聴（「死ね，死ねという声が聞こえる」）という陽性症状の下に自殺を図った。

　統合失調症は病気の経過により，前兆期・急性期・消耗期（休息期）・回復期に分けられる（図3-7）。前兆期は，幻覚・妄想などの代表的な症状

表 3-2　統合失調症の主な症状の分類（上島，2022 より作成）

陽性症状	妄想：「テレビで自分のことが話題になっている」「ずっと監視されている」など，実際にはないことを強く確信する。 幻覚：周りに誰もいないのに命令する声や悪口が聞こえたり（幻聴），ないはずのものが見えたり（幻視）して，それを現実的な感覚として知覚する。 思考障害：思考が混乱し，考え方に一貫性がなくなる。会話に脈絡がなくなり，何を話しているのかわからなくなる。
陰性症状	自閉：自分の世界に閉じこもり他者とのコミュニケーションをとらなくなる。 感情鈍麻：喜怒哀楽の表現が乏しくなり，他者の感情表現に共感することも少なくなる。 思考貧困：会話で比喩などの抽象的な言い回しが使えなかったり，理解できなかったりする。 意欲欠如：自発的に何かを行おうとする意欲がなくなってしまう。また，一旦始めた行動を続けるのが難しくなる。
認知機能障害	記憶力低下：物事を覚えるのに時間がかかるようになる。 注意・集中力低下：目の前の仕事や勉強に集中したり，考えをまとめたりすることができなくなる。 判断力低下：物事に優先順位をつけてやるべきことを判断したり，計画を立てたりすることができなくなる。

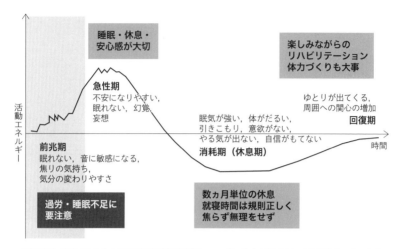

資料出所：認定 NPO 法人地域精神保健福祉機構・コンボ　統合失調症を知る心理教育テキスト家
　　　　族版『じょうずな対処　今日から明日へ』全改訂第 1 版（2018 年）より改変引用
　　　　中井久夫，Mac Farlane. W. の文献等を参考にして作成

図 3-7　統合失調症の経過（国立精神・神経医療研究センター・精神保健研究所，2019）

がみられる前に，不眠，焦燥感，神経過敏，身体症状などが現れる時期
である。急性期は，幻覚・妄想などの陽性症状が出現し，不安や緊張が
強くなる時期である。消耗期は，陽性症状よりも陰性症状が目立つ時期
である。回復期は，精神的なゆとりも出てきて，周囲への関心や意欲が
生じてくる時期である。

　土屋さんの場合，前兆期は大学 2 年時春頃にあたるだろう。不眠症状
や体調不良が生じて通常の日常生活を送ることが難しくなってきてい
る。その後，自室にひきこもるようになるが，おそらく幻覚や妄想など
が出始めており，自身の身を守るかのように振る舞っていたと考えられ
る。それから陽性症状が活発化し，行動をコントロールできずに入水自
殺を図った時期が急性期にあたる。彼女は入院加療を経て陽性症状が落
ち着いてくると，対人交流を避け自分のベッドから離れず過ごしていた
が（消耗期），徐々に外界に関心を示すようになっていった（回復期）。

　統合失調症の予後（経過の見通し）はさまざまである。患者の 3 分の 1 は
大きな改善がみられ，3 分の 1 ではいくらかの改善がみられ，たびたび
再発を繰り返し，3 分の 1 は予後不良といわれることもあるが，時代の

変化や治療薬の発展によって変化すると考えられる。予後が良好になる要因としては，病前の機能が良好であること，発症が遅いか突然であること，認知機能がごく軽微であること，陰性症状がほとんどないこと，精神病未治療期間が短いことなどがあげられる。

STEP2：統合失調症の治療と支援を知る

　統合失調症の治療の目標は，精神病症状を軽減すること，症状の再発とそれに伴う日常生活機能の低下を予防すること，日常生活機能をできるだけ高い水準に維持できるように患者を支援することである。早期発見と早期治療が重要であり，治療開始が早いほど，治療結果がよくなる。これらの目標を達成するために，大きく分けて薬物療法，休養・環境調整，心理社会的治療（精神科リハビリテーション）の 3 つの治療を行う。

　統合失調症の薬物療法の中心となる薬は「**抗精神病薬**」である。抗精神病薬は，主として脳内のドーパミンやセロトニンという神経伝達物質を調節することで症状を改善すると考えられている。抗精神病薬は定型抗精神病薬（従来型，第一世代ともいう）と非定型抗精神病薬（新規，第二世代ともいう）に分けられる。定型抗精神病薬は幻覚や妄想などの陽性症状に効果があり，非定型抗精神病薬は陽性症状に加えて陰性症状や認知機能障害に対する効果も期待でき，また，錐体外路症状（筋肉の緊張や手の震え）などの副作用も少ないのが特徴である。抗精神病薬のほかにも，抗不安薬や抗うつ薬，睡眠薬などを症状に合わせて使われる。

　休養・環境調整については，たとえば，急性期に入院することでストレスの少ないゆっくりとした環境で過ごすようにしたり，十分な睡眠と栄養をとるようにしたりすることが必要である。回復期では，少しずつ活動性を増して，休養と活動のバランスをとって，規則正しい生活リズムを確立する。

　心理社会的治療については，精神療法（心理療法），心理教育，作業療法，社会生活技能訓練（Social Skills Training：SST），就労支援などがある（表3-3）。薬物療法で陽性症状が改善しても，陰性症状が残っている場合は対人関係が困難であったり職業能力が低下したりする。そのため，病気をもちながらも，安定した病状を保ち，社会で自立した生活を送れるよ

表 3-3　統合失調症の心理社会的治療

精神療法（心理療法）	統合失調症の精神療法で，代表的なものは支持的精神療法，認知行動療法，集団精神療法など。洞察志向のものや侵襲的な介入は避ける。
心理教育	病気やその治療法などについて正しい知識を学び，病気との付き合い方や前向きに治療に取り組む姿勢を身につける。本人対象に行う場合と家族を対象に行う場合がある。
作業療法	手工芸，パソコン，体操，園芸，音楽，書道，スポーツなどの軽作業を通じて，楽しみや達成感，充実感といった感情の回復を図る。これにより，日常生活や社会参加に必要な能力の回復・維持が期待できる。
生活技能訓練（SST）	人との関わり方や自分の気持ちの伝え方など，日常生活の中で自分が「できるようになりたい」と思うことをグループの中で実際に練習し，対処する力を高める。
就労支援	働きたくても就労に結びつかない人に対して，さまざまな就労機会を提供し，相談やコーディネートを行う。

うにするのが心理社会的治療である。薬物療法のみよりも，SST や家族への心理教育などの心理社会的治療を組み合わせて行うほうが，長期的にみて再発を予防できるという報告もある（Hogarty et al., 1991）。

　土屋さんの場合は，入院初期は陽性症状の改善が第一目的であり，薬物療法でその改善を図った。次第に病状が落ち着いてくると，彼女の様子をみながら入院集団精神療法の参加を促し，退院後の社会生活を念頭に置いた支援を並行して行っていった。事例では集団療法導入以降が記されていないが，その後，彼女の病状に合わせて SST や作業療法などの導入を行う支援計画が立てられるであろう。

STEP3：公認心理師として統合失調症に関わる

　公認心理師が統合失調症の患者に関わるのは，診断の補助資料や治療や支援計画を検討するための心理検査を実施するときや，上述した心理社会的治療のなかでも，主に精神療法（心理療法），心理教育，SST を実施するときであろう。

　統合失調症への精神療法やカウンセリングは，過去には禁忌とされていたこともあったが，患者の病態や病状に合わせた技法を用いれば有効な支援のひとつとなる。一般的に，深く内面を掘り下げて自己を見つめ気づきを得るような「洞察的精神療法」よりも，現実的な助言や励まし

を与えて患者の自我機能を補ったり，社会性の回復に向けて対人場面での安全感を高めたりするような「支持的精神療法」が有効と考えられる。

　精神療法を含め，その他の心理社会的治療において統合失調症の患者と関わる際の留意点を木村 (1989) や Schwing (1940) をもとに紹介する。

①時間をかけて能動的に関わる

　急性期を過ぎた統合失調症の患者は無為な状態で自閉傾向がみられることがあるが，土屋さんに対する小林さんの関わりのように，支援者は時間をかけて能動的に，そして長期的な視点をもって関わることが望まれる。

②相手の身になって感じる

　これは統合失調症に対する効果的な治療法がない時代に，精神療法的な接近を試みた Schwing の言葉であるが，現代でも色あせず望まれる治療姿勢のひとつである。統合失調症の患者を悩ます症状には，一般には理解しがたく，共感しづらい面もある。それゆえ，彼らは孤立感を抱きやすく，また実際に社会的に孤立しやすい。そのため，支援者は彼らを外側から理解しようとするのではなく，彼らの身になって感じるといった姿勢で接することが望まれる。

③必要とするものを直感的に把握する

　これも Schwing の言葉であるが，統合失調症の患者への精神療法においては，非言語的なメッセージを汲み取り，コミュニケーションを図ることも必要である。土屋さんが突然集団療法室に現れ，扉の外で突っ立っているのを見た小林さんは，彼女に言葉で「どうしたの？」などと確認することなく，扉を開けて迎え入れている。それは彼女が集団療法に興味を示して部屋に入りたいということを，直感的に察したからにほかならない。

④健康的な面に焦点を当てて関わる

　病状が安定すれば，健康的な面もかなりみられるようになる。医療従

事者との基本的な信頼関係を築くことができれば，患者の健康的な面に働きかけることで，社会的能力を維持・向上するように関わっていくことが望まれる。

事 例

渡辺さんは総合病院に勤める公認心理師である。ある日，糖尿病内科の梶医師と看護師から次のような相談を受けた。半年前から通院が途絶えていた糖尿病の山田さん（52歳，女性）が，先日体調不良を訴えて受診したが，診察で受診が途絶えた理由を尋ねたところ，「最近眠れず，昼夜逆転の生活をしている」「見張られているので，あまり外に出たくない」「電波が送られてきて，エネルギーが消耗している」「今も盗聴されていると思うから，この話はあまりしたくない」と答えたという。梶医師は精神的な問題を疑い，山田さんに精神科の受診を勧めたが，「これは精神の問題ではない」と拒否されてしまった。梶医師と看護師は，精神状態の増悪とともに，このままだと糖尿病の治療も中断してしまうことが心配でどうしたらよいかと困っていた。

渡辺さんがリエゾンチームの精神科医に相談すると「患者さんが希望すれば，もちろん診療する」という回答で，仮に精神症状があったとしても家族や周囲の人々が困っておらず，自傷他害の恐れがない場合，本人に受診の意思がなければ強制することはできないということであった。渡辺さんはその旨を伝えたが，梶医師と看護師は，糖尿病は継続的な治療が必要であるため，どうにか精神的な支援を行いつつ治療継続をできるような方法はないかと悩み，渡辺さんにアドバイスを求めた。

考えてみよう！

山田さんの訴えから確認できる精神症状を整理して，山田さんがどのような心理状態にあるか，あなたが山田さんの身になって感じ，考えてみましょう。

話し合ってみよう！

臨床現場では，明らかな精神症状が認められていても患者の病識が乏しいため病院につながらず，必要な治療や支援が届きにくい事例もあります。みんなで山田さんの精神的なサポートや糖尿病治療を継続できるようにするための対応策を話し合ってみましょう。

ロールプレイをしてみよう！

①公認心理師の渡辺さん，②梶医師，③看護師の3人が山田さんについて話し合う場面を想定してロールプレイをしてみましょう。異なる立場から，山田さんに必要な支援について話し合ってみましょう。

Column 3　向精神薬は怖い？

　向精神薬とは，主に脳の中枢神経系に作用し，思考・感情・意欲などの精神機能に働く薬剤である。その薬理作用に応じて，抗精神病薬，抗うつ薬，抗不安薬，気分安定薬，睡眠薬，抗てんかん薬などに分けられる。

　これらの薬剤は，精神的な症状で苦しむ人の治療を行うために医療機関で処方されるが，「精神の薬」と聞くとあまりよいイメージをもたれないようである。なぜなら，しばしばテレビやネットなどで，向精神薬の過量服薬により自殺を図ったというニュースや，多量投与により薬漬けにされてしまった，一度使用してしまうと依存してしまいやすいなどのネガティブな情報が報じられるからである。実際，大学の精神疾患の授業で向精神薬に関する話をすると，「精神の薬はやっぱり怖いなと思いました」「脳に効くって怖いです」「一度飲んだらもう止められなさそう」「あまり精神科の薬は飲まないように頑張ります」といった感想が学生から返ってくることも少なくない。

　これらの向精神薬に対するネガティブなイメージは，正しいのであろうか。実際，過量服薬の約9割が抗不安薬・睡眠薬であったことが報告されている（医療経済研究機構，2016）。また，日本は諸外国に比べて一人の患者に対して多種類の薬剤が投与されているという実態もある（厚生労働省，2010）。またベンゾジアゼピン系の抗不安薬や睡眠薬は常用することで依存してしまうリスクがあると言われている。しかしながら，これらの情報から，薬剤がもつ有効性と安全性を過小評価することは避けなければならない。精神症状に悩んでいる人が，これらのリスクを恐れて回避するあまり治療につながらなかったり，治療を中断してしまったりして（内服拒否・中断），精神症状に苦しむことは本末転倒である。

　主治医の指示のもと，用法・用量を順守して適切に服薬を行えば，内服に対して過度な心配をする必要はない。新薬が開発され，世の中に出回るには「治験」という薬の有効性と安全性を確認する厳しい臨床試験を通過する必要がある。そこではどのような副作用や有害事象が生じうるのかが調べられ，有効性と安全性が確認されたものが新薬として認められる。また，薬の効能や副作用などの細かい情報は「添付文書」に記載されている。「添付文書」とは，患者の安全のため，医薬品や医療機器を正しく適切に使用する際の基本となる重要な公的文書のことで，処方された薬の副作用などを確認したい場合は，薬局などでも確認できるし，インターネット上で確認することもできる。

　物事に裏表があるように，薬にもベネフィット（有効性）とリスク（副作用など）がある。私たちはこの2つの側面について中立的にアンテナを張る必要がある。もし薬の内服に悩んでいる患者がいたり，あるいは副作用を心配する患者や実際に副作用が生じて困っている患者がいたりしたら，心理職は早めに主治医にその旨を相談し，薬に関するベネフィットとリスクについて話し合うように勧めることがよいだろう。薬物療法といえども，その効果の下支えには，患者と医療従事者との良好な治療関係が求められるのである。

第 4 章

精神障害者の退院促進と社会的自立

精神保健福祉法③

日本の精神病床の平均在院期間は 276.7 日であり（厚生労働省, 2023），国際的にみても，その在院期間は非常に長いことが指摘されている。しかも，その約半数が医療保護入院などの強制入院（本人の同意を得ない入院）である。このような長期間の強制入院は，精神障害者の心身にネガティブな影響を及ぼすことが考えられる。そこで，2014 年 4 月から施行されている精神保健福祉法では，医療保護入院者の退院を促進するため，①退院後生活環境相談員の選任，②地域援助事業者の紹介および地域援助事業者による相談援助，③医療保護入院者退院支援委員会の開催，という 3 つの措置が規定され，①と②については，2024 年 4 月から施行される改正精神保健福祉法では措置入院者にも対象が拡大されている。

本章では，これら精神障害者の退院促進と社会復帰・社会的自立に向けた支援について精神保健福祉法における規定や 2014 年 1 月に発出された「医療保護入院者の退院促進に関する措置について」（障発 0124 第 2 号；以下「通知」）などに基づいて説明していく。

1. 精神保健福祉法における精神障害者の退院促進措置

(1) 退院後生活環境相談員の選任

精神保健福祉法では，退院後生活環境相談員の選任について，以下のように規定している。

> 措置入院者を入院させている第29条第1項に規定する精神科病院又は指
> 定病院の管理者は，精神保健福祉士その他厚生労働省令で定める資格を有
> する者のうちから，厚生労働省令で定めるところにより，退院後生活環境
> 相談員を選任し，その者に措置入院者の退院後の生活環境に関し，措置入
> 院者及びその家族等からの相談に応じさせ，及びこれらの者に対する必要
> な情報の提供，助言その他の援助を行わせなければならない。(精神保健福祉法
> 第29条の6)

　退院後生活環境相談員は，医療保護入院者や措置入院者が可能な限
り早く退院できるように，個々の入院者の退院支援のための取り組み
において中心的な役割を果たすことが求められている（「通知」）。この
取り組みでは，医師の指導を受けつつ，多職種連携のための調整を図
ることや，行政機関を含む院外の機関との調整に努めることが求めら
れている。

　退院後生活環境相談員は，①精神保健福祉士，②保健師，看護師，
准看護師，作業療法士，社会福祉士として，精神障害者に関する業務
に従事した経験を有する者，③3年以上精神障害者やその家族等との
退院後の生活環境について相談や指導に関する業務をした経験を有
し，厚生労働大臣が定める研修を修了した者，のいずれかを満たすも
のとされている。精神科病院等の管理者は，これらの資格を有する者
のなかから選任することになる。

　退院後生活環境相談員の業務には，①入院時の業務（説明など），②退
院に向けた相談支援業務，③地域援助事業者等の紹介に関する業務，
④医療保護入院者退院支援委員会に関する業務，⑤退院調整に関する
業務，⑥その他がある（「通知」）。

　なお，退院後生活環境相談員については，次節で詳しく説明する。

(2) 地域援助事業者の紹介など

　医療保護入院や措置入院をしている精神障害者の退院を促進したと
しても，退院後に地域社会において，精神障害者を受け入れ，支援す
ることができなければ，精神障害者の地域における生活に移行し，社
会的に自立をしていくことは困難となる。そのために，精神科病院ま

たは指定病院の管理者は，入院中に精神障害者やその家族等から求めがあった場合には，地域において精神障害者を支援している者（地域援助事業者）を紹介しなければならない（精神保健福祉法第29条の7，同法第33条の4）。

　地域援助事業者は，①一般相談支援事業者または特定相談支援事業者，②居宅介護支援事業者，③小規模多機能型居宅支援事業者（予防を含む），認知症対応型共同生活介護事業者（予防を含む）（介護支援専門員を有する者），④その他，介護福祉施設，介護保健施設，介護医療院等を行う者，とされている。精神科病院の管理者は，地域援助事業者の紹介を行った場合，退院後生活環境相談員を中心として，医療保護入院者・措置入院者とその地域援助事業者の相談状況を把握し，連絡調整に努めなければならない。

　また，紹介された地域援助事業者は，医療保護入院者・措置入院者が退院後，障害福祉サービスや介護サービスを円滑に利用できるように，当該地域援助事業者の行う特定相談支援事業などの事業やこれらの事業の利用に向けた相談援助を行っていくことが求められている。

(3) 医療保護入院者退院支援委員会

　医療保護入院者の入院の必要性を検討し，入院期間の不必要な長期化を抑制するとともに，退院に向けた取り組みを審議する体制を整備し，病院における退院促進に向けた取り組みを推進するため，精神保健福祉法施行規則において，医療保護入院者退院支援委員会の設置等が規定されている（精神保健福祉法施行規則第15条の6）。

　医療保護入院者退院支援委員会で審議される対象者は，①在院期間が1年未満の医療保護入院者であり，入院診療計画書に記載された推定される入院期間を経過する者，②在院期間が1年未満の医療保護入院者であり，委員会で審議された推定される入院期間を経過する者，③在院期間が1年以上の医療保護入院者であり，病院の管理者が委員会での審議が必要であると認める者，となっている。また，委員会は，①主治医（主治医が精神保健指定医でない場合は，主治医以外の精神保健指定医も出席しなければならない），②看護職員，③退院後生活環境相談員，④①〜

③以外で病院の管理者が出席を求める病院職員，⑤医療保護入院者本人（本人が希望する場合），⑥医療保護入院者の家族等（入院者が出席を求め，その家族等が出席要請に応じる場合），⑦地域援助事業者その他の退院後の生活環境に関わる者（入院者が出席を求め，出席要請に応じる場合），で構成される。

　医療保護入院者退院支援委員会では，①医療保護入院者の入院継続の必要性の有無とその理由，②入院継続が必要な場合の委員会開催時点からの推定される入院期間，③②の推定される入院期間における退院に向けた取り組み，その他必要な事項を審議することになっている。これらの審議に対して，病院の管理者は，医療保護入院者退院支援委員会の審議状況を確認し，審議記録に署名し，また審議状況に不十分な点がみられる場合には，適切な指導を行うことが求められている。また，審議の結果についてはできる限り速やかに入院者本人およびその委員会への出席要請を行った医療保護入院者の家族等や地域援助事業者などに通知することになっている。審議の結果，入院の必要性が認められない場合には，速やかに退院に向けた手続きをとることとなっている。

　なお，このような退院支援委員会は医療保護入院者に対してのみ設置されており，措置入院者に対しては設置されていない。

2. 退院後生活環境相談員の役割・業務

　精神保健福祉法で規定されている精神障害者の退院促進措置において中心的な役割を担う者の一人が退院後生活環境相談員である。ここでは，退院後生活環境相談員の役割などについて，「通知」や，公益財団法人日本精神保健福祉士協会精神医療・権利擁護委員会が編集した「精神保健福祉士のための退院後生活環境相談員ガイドライン（ver. 1.1）」（2019 年 3 月改訂：以下「ガイドライン」）（日本精神保健福祉士協会，2019）に沿ってみていきたい。

(1) 入院時の役割・業務

　精神科病院や指定病院の管理者は，精神障害者に対し措置入院また

は医療保護入院の措置がとられた日から7日以内に，退院後生活環境相談員を選任しなければならない（精神保健福祉法施行規則第15条の3）。退院後生活環境相談員の選任にあたっては，相談員と入院者およびその家族等との間の信頼関係が構築されることが重要であるため，入院者およびその家族等の意向に配慮することが求められている。

　精神障害者に対し措置入院・医療保護入院の措置がとられ，退院後生活環境相談員が選任された際には，まず退院後生活環境相談員に選任されたことや，退院後生活環境相談員の役割について説明しなければならない。特に，地域援助事業者の紹介を受けることができることや，医療保護入院者に対しては医療保護入院者退院支援委員会への出席および退院後の生活環境に関わる者（家族等や地域援助事業者など）に委員会への出席の要請を行うことができることなどについて説明する。説明は文書および口頭で行い，説明した日時，氏名など，選任の事実などを診療録に記載することが求められる。

(2) 退院に向けた相談支援業務

　退院後生活環境相談員は，措置入院者・医療保護入院者本人およびその家族等からの相談に応じ，また退院に向けた意欲の喚起や具体的な取り組みの工程の相談などを積極的に行い，退院促進に努めることが求められる。そのためには，入院者本人や家族等との面談の機会を確保する必要がある。また，家族等については，入院者が退院した後の生活に対する不安などがあることが考えられるため，家族等の心理的，身体的負担の軽減に努めるとともに，家族関係へのアプローチについても検討していくことになる。また，退院に向けた支援計画を病院内外の関係機関で立案し，これらの取り組みなどを模索していくことも求められる。このように入院者およびその家族等に対する相談を行った場合には，相談内容について相談記録や看護記録などに記録しなければならない。また，退院に向けた相談支援を行うにあたっては，主治医の指導を受けるとともに，その入院者の治療に関わる者との連携も図らなければならない。

(3) 地域援助事業者等の紹介に関する業務

　入院者やその家族等からの希望があった場合や，入院者との相談内容から紹介すべき場合などには，精神科病院の管理者は，必要に応じて，地域援助事業者を紹介するように努めなければならない。そのためにも，退院後生活環境相談員は，普段から地域援助事業者等の地域資源の情報を把握し，収集した情報を整理するよう努めなければならない。また，紹介する際には，地域援助事業者について，入院者本人が理解し，利用してもらえるように，説明しなければならない。また，この際，地域援助事業者だけではなく，地域移行支援や地域定着支援などの利用の検討も行っていく。

　このように，地域援助事業者に限らず，その入院者の退院後の生活環境または療養環境に関わる者の紹介や，これらの者との連絡調整を行い，退院後の環境調整を行うことも，退院後生活環境相談員の重要な業務となっている。

(4) 医療保護入院者退院支援委員会に関する業務

　退院後生活環境相談員は，医療保護入院者退院支援委員会の開催にあたって，開催に向けた調整や運営の中心的役割を果たし，充実した審議が行われるように努めることが期待されている。出席者については，入院者本人の希望や要請によって出席が可能となる者もいるため，本人の希望を聴取し，関係機関への通知も行う。委員会での審議の結果，推定される入院期間が超過・延長することもあり得る。そのような結果に対する不安に寄り添うことや，社会生活上の問題が退院阻害要因にならないように地域の支援者と連携して生活環境を整えることは，権利擁護の観点からも重要となってくる。

　また，医療保護入院者退院支援委員会の記録の作成にも積極的に関わることが望ましいとされている。

(5) 退院調整に関する業務

　入院者の退院に向けては，居住の場の確保など，退院後の環境に関わる調整を行ったり，地域援助事業者等と連携したりするなど，円滑

な地域生活への移行を図ることが重要な業務となる。退院時に確認・実施するものとしては，居住の場に関すること，日中活動や過ごし方に関すること（社会参加する場など），生活費に関すること，障害福祉サービスや介護保険サービスの体験利用や利用調整に関すること，通院先や通院手段に関すること，自立支援医療の説明と利用の確認，訪問看護やデイケアなどの必要な関係機関への連絡と引き継ぎ，障害福祉サービスや介護保険サービスの利用の確認と進行状況，家族等や支え手に関すること，退院後に起こり得る問題の対処方法に関することなど，多岐にわたる。これらについて，本人やその家族等と確認しながら，退院に向けた準備・調整をすることとなる。

(6) その他の業務

　措置入院者・医療保護入院者が退院する場合であっても，そのまま地域社会に復帰するのではなく，引き続き任意入院により当該病院に入院することも考えられる。そのような場合には，その入院者が地域生活に移行するまでは，退院後生活環境相談員が継続して退院促進のための取り組みを行うことが望ましいとされている。

3. 退院後生活環境相談員の業務の実態

　これまで述べてきたように，措置入院者・医療保護入院者の退院促進措置において，退院後生活環境相談員が果たす役割・業務は中心的なものとなっている。では，実際にどのような業務をどのように，どの程度行っているのであろうか。ここでは，公益財団法人日本精神保健福祉士協会の「退院後生活環境相談員の業務と退院支援委員会の開催等の実態に関する全国調査報告書」（日本精神保健福祉士協会，2022）をもとに，退院後生活環境相談員の業務の実態についてみていきたい。なお，この調査は，改正精神保健福祉法施行前に行われたものであるため，退院後生活環境相談員の対象は医療保護入院者のみとなっている。

（1）退院後生活環境相談員一人あたりの医療保護入院者数

　「通知」では，退院後生活環境相談員一人あたりが担当する医療保護入院者は，「概ね50人以下（常勤換算としての目安）」とされている。実際には，平均で19.0人，中央値で16.6人と，目安よりも少ない人数を担当していることが明らかになっている。ただし，この担当入院者数は医療機関の種類によって異なり，精神病床のみを有する病院（精神科病院）での担当入院者数は，特定機能病院や地域医療支援病院での担当入院者数の倍を超えていることが明らかになっている（図4-1）。

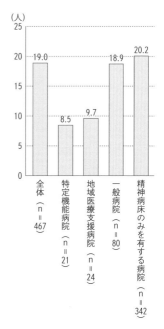

図4-1　退院後生活環境相談員一人あたりの医療保護入院者数（病院の種類別）（日本精神保健福祉士協会, 2022 より作成）

（2）退院後生活環境相談員の業務

　退院後生活環境相談員に求められている業務をどの程度行えているかについて，まず入院時に求められる業務については，図4-2に示されている5つの業務すべてにおいて，70％以上の相談員が，すべての対象者または8割以上の者に行っているとしている。

　次に，退院に向けた相談支援業務では，6つの業務の多くは，8割以上の者に行われているが，「退院に向けた意欲の喚起」と「退院に向けた具体的な工程の相談等」は8割以上の者に行ったとする回答が70％程度となっている（図4-3）。これは，質問が意欲を喚起しようとしたのか，実際に喚起できたのかが判別できなかったり，医療保護入院者の状態から，具体的な工程の相談などをすることが難しかったりするためであると考えられる。

　地域援助事業者等の紹介に関する業務では，8割以上の者に行っていると回答している者が70〜80％程度おり，ある程度は実施されて

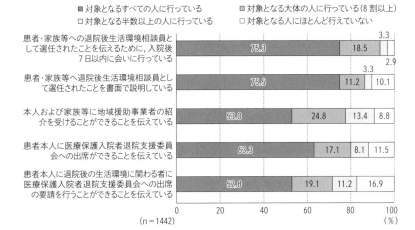

図 4-2　退院後生活環境相談員の業務状況（入院時の業務）（日本精神保健福祉士協会，2022 より作成）

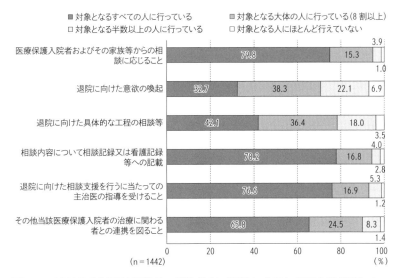

図 4-3　退院後生活環境相談員の業務状況（退院に向けた相談支援業務）（日本精神保健福祉士協会，2022 より作成）

図 4-4 退院後生活環境相談員の業務状況（地域援助事業者の紹介に関する業務）（日本精神保健福祉士協会，2022 より作成）

いるとみられる（図4-4）。

　医療保護入院者退院支援委員会に関する業務では，開催や運営，審議録の作成，「結果のお知らせ」を本人に渡すことなどは，ほとんど実施されていた（図4-5）。一方，地域援助事業者への参加依頼や本人を交えた退院に向けた支援計画の立案は，8割以上の者に行っていると回答している者が50％程度にとどまっていることも明らかとなっている。

（3）退院後生活環境相談員の選任が制度化されたことによる変化

　2014年の精神保健福祉法改正により，退院後生活環境相談員の選任が制度化されたことによる変化では，「本人や家族の意向が治療に反映されるようになった」や「多職種チームでの目標が共有できた」，「早期に退院支援に取り組めるようになった」など，本人等の意向の反映，目標の共有，多職種連携などで成果がみられている（図4-6）。一方，「地域援助事業者とのつながり」や「行政との連携」「地域の社会資源」のような，病院外の者との連携や，連携するための資源については，まだ不足していると考えられる。

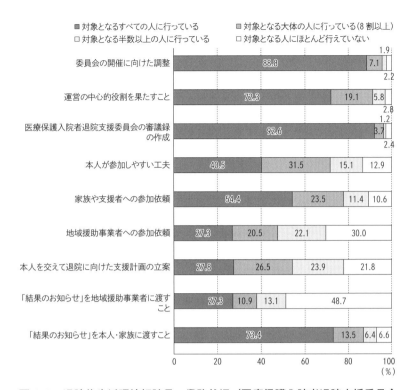

凡例:
- ■ 対象となるすべての人に行っている
- ■ 対象となる大体の人に行っている（8割以上）
- □ 対象となる半数以上の人に行っている
- □ 対象となる人にほとんど行えていない

項目	すべて	大体	半数以上	ほとんど
委員会の開催に向けた調整	88.8	7.1		1.9
運営の中心的役割を果たすこと	72.3	19.1	5.8	2.8
医療保護入院者退院支援委員会の審議録の作成	92.6	3.7	1.2	2.4
本人が参加しやすい工夫	40.5	31.5	15.1	12.9
家族や支援者への参加依頼	54.4	23.5	11.4	10.6
地域援助事業者への参加依頼	27.3	20.5	22.1	30.0
本人を交えて退院に向けた支援計画の立案	27.8	26.5	23.9	21.8
「結果のお知らせ」を地域援助事業者に渡すこと	27.3	10.9	13.1	48.7
「結果のお知らせ」を本人・家族に渡すこと	73.4	13.5	6.4	6.6

図 4-5　退院後生活環境相談員の業務状況（医療保護入院者退院支援委員会に関する業務）（日本精神保健福祉士協会，2022 より作成）

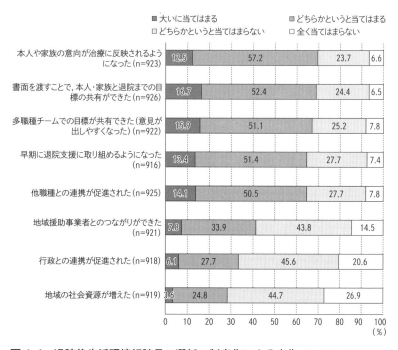

凡例:
■ 大いに当てはまる　■ どちらかというと当てはまる
□ どちらかというと当てはまらない　□ 全く当てはまらない

項目	大いに当てはまる	どちらかというと当てはまる	どちらかというと当てはまらない	全く当てはまらない
本人や家族の意向が治療に反映されるようになった (n=923)	12.5	57.2	23.7	6.6
書面を渡すことで, 本人・家族と退院までの目標の共有ができた (n=926)	16.7	52.4	24.4	6.5
多職種チームでの目標が共有できた (意見が出しやすくなった) (n=922)	15.9	51.1	25.2	7.8
早期に退院支援に取り組めるようになった (n=916)	13.4	51.4	27.7	7.4
他職種との連携が促進された (n=925)	14.1	50.5	27.7	7.8
地域援助事業者とのつながりができた (n=921)	7.8	33.9	43.8	14.5
行政との連携が促進された (n=918)	6.1	27.7	45.6	20.6
地域の社会資源が増えた (n=919)	3.6	24.8	44.7	26.9

図 4-6　退院後生活環境相談員の選任の制度化による変化（日本精神保健福祉士協会, 2022 より作成）

高齢者への心理的支援

　松下さん（76歳，男性）は，60歳のとき仕事中に事故に遭い，大工の仕事を辞めた。1年前に妻が他界し，3人の子どもはそれぞれ独立して遠方で生活している。事故の後遺症で歩行障害が残り，年々足の痛みが増してきたため，妻が他界後は外出することも億劫になり，自宅にひきこもるようになった。ある日，長女に松下さんから珍しく電話があった。松下さんは他愛のない会話の後「世話になった。元気で」と言い，電話が切れた。長女は不審に思い，翌日自宅に行くと松下さんが倒れていた。救急車で近くの精神病院に搬送され，命に別状はなく，医療保護入院となった。

　入院時，精神科医はうつ病と診断し，薬物療法のほかにカウンセリングが導入された。職人気質の松下さんは口数が少なく人に頼るのが嫌いな様子だった。公認心理師の木村さんがカウンセリングを行うなかでわかってきたことは，さまざまな喪失体験を重ねた結果による抑うつ症状や孤立感，希死念慮を有しているだけでなく，日々の生活のなかで鍵の閉め忘れやガスの消し忘れがあるということであった。

　そのため，木村さんは主治医に事情を説明し，認知機能のスクリーニング検査（Mini-Mental State：MMSE）の実施を提案した。MMSE の結果は合計20点（30点満点）で，時間の見当識（−3点），物品名の想起（−3点），計算（−4点）で失点があった。また主治医は CT と MRI 検査を依頼し，その結果，海馬あたりに萎縮が認められた。うつ病とアルツハイマー型認知症の併発という診断になった。

　加療後，希死念慮と抑うつ症状は軽減してきたため，退院後の生活について独居が可能かどうかを検討する必要性が出てきた。そこで再度 MMSE を実施することになった。結果は合計21点，時間の見当識（−3点），物品名の想起（−3点），計算（−3点）で軽度の認知機能が認められた。家族は遠方にいるため，施設入所も検討されたが，人に頼るのが嫌いな本人の性格を考慮すると，自宅に戻り訪問看護を入れる支援がベストと判断され，本人も了承した。

　木村さんはカウンセリングを通して得た松下さんの性格特徴や認知機能

検査の結果をもとに，長女には心理教育を行い，訪問看護スタッフには支援のポイントを伝えた。遠方に暮らしていた長女だったが，これを機に定期的に父のもとに来て介護をしたいと述べた。

STEP1：高齢者の心理社会的問題を知る

　「高齢者」を定義づける年齢は統一されていない。国連では 65 歳以上とし，WHO では 60 歳以上という記述もある。日本においても法律や制度によってさまざまであるが，「高齢者の医療の確保に関する法律」においては，65 歳から 75 歳未満が「前期高齢者」，75 歳以上が「後期高齢者」とされている。一方，日本老年学会と日本老年医学会は健康寿命が延びている昨今，75 歳から 89 歳を「高齢者」，90 歳以上を「超高齢者」とするように提案している （日本老年学会・日本老年医学会高齢者に関する定義検討ワーキンググループ，2017）。

　厚生労働省自殺対策推進室・警察庁生活安全局生活安全企画課 （2023）によれば，自殺者の約 4 割が 60 歳以上であると報告されている。高齢者の自殺の原因としては，身体の病気やうつ病などの健康問題が最も多く，その他に経済・生活問題や家庭問題と続く。松下さんのように高齢者には，加齢・老化に伴いさまざまな身体的不調が生じてくる。そうすると，病気をストレスと感じ「楽になりたい」と思ったり，家族に迷惑をかけたくないという思いを抱いたりする高齢者もいる。また，高齢自殺者のうち 1 割は，近親者の病気や死による強い喪失感から閉じこもりがちとなり，孤独・孤立状態からうつ状態になるという報告もある （厚生労働省，2007，2020）。現代は核家族化と相まって一人暮らしの高齢者は増加傾向にあり，松下さんのような状況にある高齢者は珍しくないのである。

　高齢者の精神疾患としてはさまざまなものがあるが，ここでは高齢者に特徴的な精神疾患であるうつ病，認知症，せん妄を取り上げる。これらはしばしば鑑別が必要であり，公認心理師の行う面接や心理検査などの関わりで得られた情報が鑑別の一助となる。

STEP2：高齢者の精神疾患について知る

①うつ病

　高齢者のうつ病は，若年や中高年と比較して抑うつ気分が目立たず，意欲低下や身体症状として現れやすい。また，うつ病に特徴的な性格背景のほかに，喪失体験が発症の引き金になっていることが多い。言うまでもなく，加齢・高齢に伴って人はさまざまな喪失を味わう。退職により社会的立場や居場所を喪失し，身体的老化により今まで維持していた身体的健康も喪失する。友人や知人の葬儀に出席することも増え，特に長年連れ添ったパートナーとの死別体験は精神的負荷がかかる。松下さんの場合，事故によって社会的立場や役割だけでなく身体的健康をも喪失し，その後，パートナーとの死別が引き金となって抑うつ症状が増悪したと考えられる。

②認知症

　認知症は一旦獲得した知性や認知機能が失われ，日常生活に支障を来す疾患である。認知症にはいくつかの種類があるが，主なものとしてはアルツハイマー型認知症，脳血管型認知症，レビー小体型認知症がある（表4-1）。

　アルツハイマー型認知症　認知症の約60％を占める。原因ははっきりわかっていないが，「アミロイドβ」というタンパク質が脳に蓄積し

表4-1　三大認知症の特徴の比較

	アルツハイマー型	脳血管型	レビー小体型
発症年齢	70歳以上に多い	50～60歳以上に多い	70歳以上に多い
性別	女性に多い	男性に多い	男性にやや多い
経過	緩徐にも確実に進行していく	段階的で改善と悪化を繰り返す	緩徐に進行する（急激な場合もあり）
身体的症状	特になし	歩行障害，運動麻痺	パーキンソニズム，幻視，転倒，失神
人格の変化	しばしばあり（多幸，多弁）	比較的少ない	初期から人格変化や社会的欠如あり
病気の認知	早期になくなる	進行しても自覚している人が多い	早期になくなる
記憶状態	全体的に低下していく	一部だけ低下	進行してくると記憶障害が目立ってくる（変動あり）

て神経細胞が減少し，脳の萎縮を進行するとされている。症状は，徐々に進行する記憶障害や，場所や時間の判断がつかなくなる見当識障害などの「中核症状」と，徘徊したり怒りっぽくなったり物を盗られるという妄想を抱いたりする「周辺症状」がある。

脳血管性認知症　認知症の約 20 〜 30％を占める。脳梗塞や脳出血など（脳血管性障害）が原因で引き起こされる。障害された脳の部分によって，「麻痺」や「言語障害」などさまざまな症状が現れる。脳梗塞が起こるたびに階段的に症状が進行するため，再発・悪化予防が必要である。

レビー小体型認知症　認知症の約 5％を占める。脳の神経細胞のなかにある「レビー小体」という異常なタンパク質の塊が大脳に広く現れることで引き起こされる。初期には記憶障害は目立たず実際には存在しないものや人が見えるという幻視がしばしば現れる。ほかに手足が震える，動作が遅くなる，歩幅が小さくなるなど，パーキンソン病の症状が現れることがある。

③せん妄

せん妄とは，身体疾患や薬物の影響により生じる意識精神障害のひとつである。見当識障害や注意力の低下，感情の変動，睡眠障害や幻覚などの症状が出現する。たとえば，ぼんやり，もうろうとしたり，物忘れがひどかったり，夜眠れず興奮して昼夜逆転になったりすることがある。高齢者に多く，入院や介護施設などでは点滴やチューブを自分で抜いてしまい，安静が保てないこともある。身体疾患への治療や薬物の影響への対処，環境調整などを行い，患者が落ち着き安心できる環境を整えることで症状の軽減を図る。

上述したように，これらのうつ病，認知症，せん妄は高齢者に多く，併発したりする場合もあるため，鑑別が必要である（表 4-2）。松下さんの場合のように独居で周りに近親者がいない場合，診断に必要な本人の生活状況に関する情報が乏しくなるため，鑑別が難しくなることがある。松下さんも当初うつ病の診断であったが，カウンセリングで話を聞くなかで木村さんが認知症症状を疑うエピソードを確認し，うつ病とアルツハイマー型認知症が併発しているという診断に至った。

表 4-2　うつ病・認知症・せん妄の症状の比較（武田・田中，2007）

	うつ病	認知症（初期）	せん妄
発症	ゆっくりの場合が多い	ゆっくり	急激
1日の経過	あまり変化はない	安定している場合が多い	変化し，夜間に悪化する
持続期間	数週間から数か月間	ずっと	数時間から数週間
初発症状	抑うつ・心気症状	記銘力低下が多い	幻覚・妄想・興奮など
意識状態	清明	清明	低下，変動
注意力	変動は少ないが低下	正常	全般的に混乱
認知力	あまり変化はない	全般的にゆっくりと低下	全般的に混乱
気分	一貫して抑うつ的	抑うつ的なこともある	変動が激しい
幻覚	ないことが多い	ないことが多い	幻視・幻聴が多い
妄想	微小妄想，心気妄想など	ないことが多い	了解困難
見当識	あまり変化はない	時間，場所，人物の順に障害（アルツハイマー型），または不規則的に障害（脳血管性）	一斉に障害

STEP3：認知機能検査を知る

　公認心理師の木村さんは松下さんの認知機能の精査のために MMSE を実施した。表 4-3 に示したように診療保険点数に算定される認知機能に関連する検査だけでもさまざまなものがある。おそらく今後もさまざまな検査が増えることが予想される。実際の臨床現場では常時これらすべての検査を備えている施設は少なく，施設で医師からの依頼頻度や実施頻度は異なる。しかし公認心理師は，認知機能評価にはさまざまな検

表 4-3　認知機能障害に関連する検査

分類（点数）	検査
操作が容易なもの（80点）	MEDE 多面的初期認知症判定検査，日本語版コグニスタット認知機能検査，SIB（Severe Impairment Battery），Coghealth，NPI（Neuropsychiatric Inventory），BEHAVE-AD，音読検査，HDS-R 長谷川式認知症スケール，MMSE-J 精神状態短時間検査 改訂日本版，前頭葉評価バッテリー，ストループテスト，MoCA-J（Montoreal Cognitive Assessment），CDR（Clinical Dementia Raing）
操作が複雑なもの（280点）	BVRT ベントン視覚記銘検査，三宅式記銘力検査，S-PA 標準言語性対連合学習検査，BGT ベンダーゲシュタルトテスト，WCST ウィスコンシン・カード分類検査，BADS 遂行機能障害症候群，RBMT リバーミード行動記憶検査，ROCFT（Ray-Osterrirth Complex Figure Test）
操作と処理が極めて複雑なもの（450点）	SLTA 標準失語症検査，SLTA-ST 標準失語症補助テスト，SPTA 標準高次動作性検査，VPTA 標準高次視知覚検査，CAT・CAS 標準注意検査法・標準意欲評価法，WAB 失語症検査日本版，DD2000 老研版失語症鑑別診断，WMS-R ウエクスラー記憶検査，ADAS（Alzheimer's Disease Assessment Scale），DN-CAS 認知評価システム

資料）令和4年4月改定版医科診療報酬点数表（https://shirobon.net/medicalfee/latest/）より作成

査があることや，それぞれの検査の特徴を押さえておき，患者の病状や状態に合わせて使い分けられるようにしておくことが必要である。木村さんは松下さんの体力や病状を考慮して，大まかに認知機能障害の程度を把握でき，かつできるだけ短時間に施行可能で患者の負担が少ないスクリーニング検査を選択した。

STEP4：検査結果の伝え方を知る

　公認心理師の心理アセスメントに求められる能力のひとつは，心理検査を適切に実施し，得られたデータを正確かつ客観的に分析することであるのは言うまでもない。しかし，医療現場は心理職だけで治療や支援にあたっているわけではないため，私たち心理職に求められるものは，心理を専門としていない職種に得られた結果をわかりやすく伝えるスキルである。

　心理用語だけで説明しても他職種にはもちろん伝わらない。身体科領域で働く場合は，精神医学の用語も伝わりにくい。また，心理検査で得られるデータは豊富であるため，しばしば心理職の所見は長文で表現（説明）しがちだが，それを丁寧に読んでくれる（聞いてくれる）ほど他職種は時間的余裕がない。そのため，心理検査の結果を他職種に共有する際には，次のような点に留意して行うことを勧めたい。

①平易な言葉を用いて伝える

　先にも述べたように，心理用語だけの所見や説明は他職種に伝わりにくい。専門用語はできるだけ平易な言葉で表現することを心がけたい。そのために，心理職はその用語の本質や，用語の背後にある理論などについて理解をしておくことが必要である。

②結果は視覚化して示す

　心理検査は結果が数値で示され評価されるものが多い。心理職にとって客観的な数値を正確に記録し報告することは大変重要なことであるが，その数値になじみのない職種からすると，数値をみても理解しがたい。そのため，できるだけ検査所見を作成する際は数値をグラフ化し，

標準値からどれくらい離れているのかを視覚的に理解できるように示すとよい。他職種に患者の状態を説明する際には，グラフ化された所見を一緒に見ながら行うと，他職種から「結構（認知機能）下がっていますね」「この下がっている能力は何ですか？」などと質問されることも増え，情報共有が行いやすい。

③説明や記述は簡潔にする

　医師をはじめ看護師など医療現場の職種は多忙である。筆者は以前同僚の看護師に「心理の人は時間がゆっくりね。それがいいんだけど」と言われたことがある。もちろん心理職も暇なわけではないのだが，30〜50分間という時間じっくり腰を据えて話を聞くという感覚で仕事をしている心理職の時間感覚と，他の職種のそれとは少し異なるのかもしれない。他職種に情報共有する際には，他職種の時間感覚を意識して，簡潔な説明や検査所見への記載を心がけたい。

　松下さんの事例では木村さんが他職種や家族に伝えた内容については示されていないが，これらの留意点を踏まえるならば，伝えるべき点は以下のようになるだろう。

○元来，健康で自立した方でしたが，喪失体験が重なってうつ病を発症し，またアルツハイマー型認知症も併発しています。

○簡易な認知機能検査の結果では30点満点中22点であり，軽度の認知機能障害が認められました。特に日時や場所など自分が置かれている状況への認識が乏しく（見当識障害），ものの名前を覚えることや（物品想起），簡単な引き算も困難な面があるようでした（計算）。入院中の様子も含めて考えると，現段階では独居も可能なのではないかと思います。ただ，今後徐々に自立した生活が難しくなっていく可能性も考えられるので，ご家族が定期的にご様子を見にこられて，見守る体制も整えていけるとよいかと思います。

○なぜなら，ご本人は口数が少なく職人気質で，人に頼るのが苦手な方なので，家族をはじめ周りにヘルプを出せないところがあります。ご本人の自立心やプライドを損なうことなく，「見守る姿勢」で生活上の安全に配慮する支援がよいと考えられます。

事 例

　和田さん（86歳，女性）は夫と死別後，息子と2人で生活をしていた。1年前から探し物が多くなり，半年前から息子に対して「盗んだお金を返してほしい」「貯金通帳はどこへやったんだ」などと物盗られ妄想が顕著で，息子が否定すると興奮した様子で返事をしていた。ある日，夜中に近所を徘徊しているところを警察に保護された。息子は夜中の徘徊で事故に巻き込まれることを懸念し，和田さんに入院を勧めたが拒否されてしまったため，医療保護入院で精神科病院に入院することになった。入院時診察で精神科医の佐藤医師は MMSE を施行し，合計19点（30点満点）で，時間の見当識（−3点），場所の見当識（−1点），物品名の想起（−3点），計算（−2点），口頭命令（−2点）で失点があった。また CT と MRI 検査でも海馬の萎縮が認められたため，アルツハイマー型認知症と診断し，薬物療法を開始した。

　しばらくして病状が安定してきたため，公認心理師の小林さんは退院後の生活支援に関する資料として認知機能の再評価を依頼された。小林さんは MMSE に言語流暢性検査，立方体模写，時計描画，Trail Making Test（TMT-A/B）の課題を加えた検査バッテリーを実施した。その結果，MMSE は前回と変わらず，言語流暢性検査の「か」が頭につく単語課題が同年代平均よりも低く，TMT-B も同年代平均より遅かった。小林さんはこれらの結果をカンファレンスで他職種にわかりやすく伝え，共有した。

考えてみよう！

　小林さんが認知機能の再評価を依頼された際に，なぜ MMSE のほかに言語流暢性検査，立方体模写，時計描画，TMT-A/B の検査を追加したのでしょうか。MMSE の検査項目や追加した検査の特徴を調べて，その理由や目的を考えてみましょう。

話し合ってみよう！

　小林さんが実施した検査の結果からわかる和田さんの認知機能障害の状態と特徴について話し合ってみましょう。また，その結果をどのように患者やその家族，他職種に伝えるとよいでしょうか。みんなで話し合ってみましょう。

ロールプレイをしてみよう！

　退院時の家族に対する面談を想定して，①公認心理師の小林さん，②精神科医の佐藤医師，③和田さんの息子の3人のロールプレイをしてみましょう。小林さん役は，退院後自宅で息子が介護をするうえで参考となるように，わかりやすく認知機能検査の結果を伝えてみましょう。

Column 4　国連勧告と日本の精神科医療

　2022 年 8 月に「障害者の権利に関する条約」（以下，障害者権利条約）に基づいて，国連の障害者の権利委員会が審査を行い，9 月に勧告を公表した。そこには，精神科病院での無期限の入院禁止や，施設から地域生活への移行を目指す法的な枠組みづくりが求められ，医療保護入院や措置入院のような強制入院（本人の同意を得ない入院）については「差別」とし，これら自由のはく奪を認めるすべての法規定を廃止するように要請している。障害者権利条約第 19 条では，障害者が他の者と平等の選択の機会をもって地域社会で生活する平等の権利を有することを示した「自立した生活及び地域社会への包容」が規定されており，勧告では障害者本人の同意がなく行われる強制入院などの制度は，この規定にある障害者の権利を阻むものとなっていると指摘している。

　第 3 章で紹介したように，日本における精神科病院の入院患者数は約 27 万人となっており，この約半数にあたる 12 万 7 千人ほどが強制入院に該当する。また平均入院日数は 270 日強であり，OECD の平均である 32 日に比べて突出して長い（それでも，この 10 年ほどで 50 日程度は短縮している）（厚生労働省，2022）。また日本弁護士連合会が 2020 年に行った「精神科への入院経験を有する方々へのアンケート・インタビュー調査」では，回答数（1,040 件）の 80.9%が「悲しい，つらい，悔しい等の体験をした」と回答しており，具体的な体験としては，「面会・通信の制限」（32.5%），「身体拘束」（29.0%），「保護室」（46.5%），「入院の長期化」（42.3%），「外出制限」（47.7%）などがあげられている（日本弁護士連合会，2023）。

　障害者権利委員会の審査では，民間企業にも障害者に対する合理的配慮を義務づけている点や，アクセシビリティー（情報やサービスなどの利用）の基準の整備など，評価された点も多々あった。しかし，日本の精神科医療に対しては先に示したような要請などが出され，障害者権利条約に批准している日本政府としては何らかの対策を検討しなければならない状況に置かれている（ただし，この勧告に法的な拘束力はない）。

　確かに，強制入院によって自由がはく奪され，特に不当に長い入院は人権侵害にあたると考えることもできる。精神障害者が長期間入院することで，社会復帰・参加する機会が失われる懸念もあり，日本弁護士連合会のアンケートが示したように，心理的な影響も決して軽微なものではない。一方で，自傷他害の恐れがある精神障害者を入院させない，あるいは短期で退院させることで，結果として自殺や他害が生じた際の医療の責任のあり方や，精神障害者を地域移行させる際に，精神障害者を支える人的資源や経済的な支援が十分ではないという問題もある。政策・法整備や社会全体の認識の改善なども短期間で行うことができるものではない。

　障害者がどのように医療を受け，また地域社会に移行し，生活していくのか，支援者としてだけでなく，社会の一員として，時には当事者として考えていくべき問題である。

第 5 章

依存症の背後にある生きづらさを支える

アルコール健康障害対策基本法・
ギャンブル等依存症対策基本法

　日本では現在，約 4 万人がアルコール依存症患者として医療機関を受診している。治療を受けていないがアルコール依存症の基準を満たすと考えられる者は約 50 ～ 100 万人おり，依存症の基準は満たさないが問題を生じやすい飲酒をしている者はその 10 倍ほど存在すると想定されている。アルコール依存以外にも，違法薬物，睡眠薬や抗不安薬，ギャンブル，カフェイン (エナジードリンク)，ニコチン (タバコ)，スマホ，ゲーム，自傷行為など，依存症の対象となるもの／ことは多数存在する。心理職が受ける相談には，依存症／アディクションにまつわる問題が多数関わっており，こうした問題を抱える相談者を支えるための知識・技術は非常に重要なものである。そこで本章では，依存症に関わる法律である，アルコール健康障害対策基本法／ギャンブル等依存症対策基本法を取り上げながら，依存症とその背後にある生きづらさを抱える者への支援について理解を深めることを目的とする。

1．アルコール健康障害対策基本法

(1) 飲酒関連問題の概念の変遷

　アルコール健康障害対策基本法 (以下，アル法) は，2013 年 12 月 13 日に公布，翌 2014 年 6 月 1 日に施行された法律である。日本における

禁酒運動には一定の歴史があるが，アル法成立の直接的な大きな気運は，2010年にWHOが採択した「アルコールの有害な使用を低減するための世界戦略」に呼応して，国内の運動が盛り上がったことにある。WHOが世界戦略のなかで指摘するように，アルコールの有害な使用については，使用者本人の身体的・精神的健康を害するのみならず，使用者の周囲の者の健康や，社会全体に対して悪影響を及ぼす面があり，対策が求められている。

アル法は主に，国や地方自治体に対してアルコール健康障害に関する対策の策定とその計画の遂行を義務づけることを目的として制定されたものであるが，対策の対象となっているアルコール健康障害については，第2条に以下のように規定されている。

> この法律において「アルコール健康障害」とは，アルコール依存症その他の多量の飲酒，二十歳未満の者の飲酒，妊婦の飲酒等の不適切な飲酒の影響による心身の健康障害をいう。(アルコール健康障害対策基本法　第2条)

ここでは，対策の対象を広く定義しているが，何をもってアルコールに関する「問題」とするかという点について理解をするためには，飲酒問題に関する概念の変化の歴史を知る必要がある。

アルコールは太古の昔から存在し，摂取され，その様態は旧約聖書や古事記・日本書紀にも記されている。17〜18世紀に都市化が進行すると，飲酒に関わる問題が疾病概念として記述されていったが，私たちになじみの深いアルコール依存という概念が登場するのは，1977年にWHOがそれ以前に使用され意味が拡散していた「慢性アルコール中毒」に変わり「アルコール依存症候群」という概念を提示して以降である。この概念は，その後のDSM-ⅣやICD-10に大きな影響を与え，現在のDSM-5-TRにも引き継がれている。

DSM-5-TRでは，DSM-Ⅳにおいて別々の疾患としていたアルコール乱用とアルコール依存がアルコール使用症というひとつの疾患に統合され，症状の数によって重症度が分類されている。アルコール使用症の症状に含まれているのは，「意図より大量または長期間の使用」「減量や制限の失敗」「獲得・使用のための時間の浪費や後遺症」「渇

望」「反復的使用による社会的問題」「社会・対人関係上の問題」「社会的，職業的，娯楽的活動の放棄や縮小」「身体の負傷」「身体・精神・記憶障害」「耐性」「離脱症状」といったものであり，これらのうち 12 か月以内に 2 つ以上の項目があてはまるとき，アルコール使用症とされる。DSM-Ⅳと DSM-5-TR を比較すると，症状の項目そのものが増加したことに加え，依存のための診断に 3 項目の該当が必要だったものが，2 項目に減少している。このことは，診断閾値が低下し，より軽度の状況を支援の対象としていこうとする流れがあるということである。

　また，アル法では，アルコール健康障害とは別に，アルコール関連問題についても，第 7 条において間接的に定義している。

> 国民は，アルコール関連問題（アルコール健康障害及びこれに関連して生ずる飲酒運転，暴力，虐待，自殺等の問題をいう。以下同じ。）に関する関心と理解を深め，アルコール健康障害の予防に必要な注意を払うよう努めなければならない。(アルコール健康障害対策基本法　第 7 条)

　アルコール関連問題とは，本人の心身の問題のみならず，そこから派生する飲酒運転・暴力・虐待・自殺等の問題であり，有害な飲酒がこうした問題を派生的に引き起こすという認識が表されている。このことは，基本理念を記した第 3 条 2 項においても，「アルコール健康障害が，飲酒運転，暴力，虐待，自殺等の問題に密接に関連する」と明記されていることからも，うかがい知ることができる。

(2) 法の目的

　アル法の目的は以下のようになっている。

> 　この法律は，酒類が国民の生活に豊かさと潤いを与えるものであるとともに，酒類に関する伝統と文化が国民の生活に深く浸透している一方で，不適切な飲酒はアルコール健康障害の原因となり，アルコール健康障害は，本人の健康の問題であるのみならず，その家族への深刻な影響や重大な社会問題を生じさせる危険性が高いことに鑑み，アルコール健康障害対策に関し，基本理念を定め，及び国，地方公共団体等の責務を明らかにすると

> ともに，アルコール健康障害対策の基本となる事項を定めること等により，アルコール健康障害対策を総合的かつ計画的に推進して，アルコール健康障害の発生，進行及び再発の防止を図り，あわせてアルコール健康障害を有する者等に対する支援の充実を図り，もって国民の健康を保護するとともに，安心して暮らすことのできる社会の実現に寄与することを目的とする。(アルコール健康障害対策基本法　第1条)

　アル法の目的は，アルコール健康障害対策を推進し，国民の健康を守っていくことにある。一方で，対策は，単にアルコールを絶てばよいという認識に立脚しているわけではないという基本認識があることが，この条文からうかがえる。たとえば，アルコールの摂取はコミュニティにおける神事において集団で行われるなど，私たちの生活・文化に根差した状況で用いられる場合もある。文化に根差した飲酒は，(それが若年期に行われる場合は特に) 将来の健康被害につながる可能性をはらむものの，対人関係やコミュニティの形成に一定の役割を果たしている場合もある。また，そもそも，1920〜1933年のアメリカの禁酒法が，粗悪なアルコールの密輸・密造に寄与した歴史を踏まえれば，アルコールの使用や製造を法的に禁止さえすれば私たちの生活が向上するわけではないということは明らかである。

　こうした目的を実現するため，アル法は，国および地方公共団体に対して，アルコール健康障害対策を実施することを義務づけている。具体的な条文は，以下のようになる。

> 第4条　国は，前条の基本理念にのっとり，アルコール健康障害対策を総合的に策定し，及び実施する責務を有する。
> 第5条　地方公共団体は，第3条の基本理念にのっとり，アルコール健康障害対策に関し，国との連携を図りつつ，その地域の状況に応じた施策を策定し，及び実施する責務を有する。
> (アルコール健康障害対策基本法　第4条・第5条)

　第14条を読むとわかることではあるが，ここでいう地方公共団体とは，都道府県 (政令指定都市) を意味している。都道府県は，実情に即した都道府県アルコール健康障害対策推進計画を策定し，対策を推進

していくが，少なくとも5年ごとにその計画を見直すことが求められている。また，アル法の第3章では基本的施策（対策の大まかな中身）が述べられており，教育の振興（啓発活動），不適切な飲酒の誘引の防止（広告や販売方法の問題），健康診断および保健指導，医療の充実，飲酒運転をした者に対する指導，相談支援，社会復帰の支援，民間団体の活動に対する支援，人材の確保，調査研究の推進，といった内容が盛り込まれている。

（3）アルコール健康障害対策推進基本計画

　国・政府が推進するアルコール健康障害対策の基本的な内容を定めたものがアルコール健康障害対策推進基本計画である。第12条では，基本計画の策定について，以下のように記されている。

第12条　政府は，アルコール健康障害対策の総合的かつ計画的な推進を図るため，アルコール健康障害対策の推進に関する基本的な計画（以下「アルコール健康障害対策推進基本計画」という。）を策定しなければならない。

2　アルコール健康障害対策推進基本計画に定める施策については，原則として，当該施策の具体的な目標及びその達成の時期を定めるものとする。

3　政府は，適時に，前項の規定により定める目標の達成状況を調査し，その結果をインターネットの利用その他適切な方法により公表しなければならない。

4　政府は，アルコール健康障害に関する状況の変化を勘案し，及びアルコール健康障害対策の効果に関する評価を踏まえ，少なくとも五年ごとに，アルコール健康障害対策推進基本計画に検討を加え，必要があると認めるときには，これを変更しなければならない。

5　アルコール健康障害対策推進基本計画を変更しようとするときは，厚生労働大臣は，あらかじめ関係行政機関の長に協議するとともに，アルコール健康障害対策関係者会議の意見を聴いて，アルコール健康障害対策推進基本計画の変更の案を作成し，閣議の決定を求めなければならない。

6　政府は，アルコール健康障害対策推進基本計画を変更したときは，遅滞なく，これを国会に報告するとともに，インターネットの利用その他適切な方法により公表しなければならない。

（アルコール健康障害対策基本法　第12条）

基本計画は少なくとも五年に一度見直しを行うことが定められており，最初の計画（第1期）は2016年5月31日に閣議決定された。2019年10月よりアルコール健康障害対策関係者会議が立ち上げられ，基本計画の見直しが実施され，2021年4月より第2期へと移行している。

　基本計画では，対策を，アルコール健康障害の発生／進行／再発という3段階に分け，各対策の進捗状況に関する指標（例：生活習慣病リスクを高める量の飲酒者の割合，20歳未満の者・妊娠中の者の飲酒割合，アルコール健康障害での患者数など）をモニタリングしている。また，第1期基本計画では，支援体制の整備が進められ（相談拠点や専門医療機関の整備），地域における人材養成が中心的に行われた。しかしながら，生活習慣病のリスクを高める量の飲酒をしている者の割合をみると，男性では大きな増減はなく，女性に関しては増加している。また，20歳未満の者および妊娠中の者の飲酒をなくすという目標についても達成はできていない。相談拠点や専門医療機関の設置に進捗はみられたが，対策に関わる者同士の連携については十分とは言いがたい状況が続いていた。こうした問題点を解消するため，第2期では基本計画の一部が修正された。第2期における基本的施策の詳細は表5-1の通りである。

2．ギャンブル等依存症対策基本法

(1) 法の目的

　アルコール依存の近縁の問題に対する法律としては，ギャンブル等依存症対策基本法がある。この法律は2018年7月13日公布，10月5日に施行された法律である。対策の対象は，ギャンブル等依存症であるが，これは，「ギャンブル等（法律の定めるところにより行われる公営競技，ぱちんこ屋に係る遊技その他の射幸行為をいう。第7条において同じ。）にのめり込むことにより日常生活又は社会生活に支障が生じている状態」（ギャンブル等依存症対策基本法第2条）のことである。近縁の問題と書いたが，同法第4条にも「アルコール，薬物等に対する依存に関する施策との有機的な連携への配慮」が記されている。この法律の成立のきっかけは，IR

表 5-1 アルコール健康障害対策推進基本計画（第 2 期）における基本的施策（厚生労働省社会・援護局障害保健福祉部企画課アルコール健康障害対策推進室, 2021）

①教育の振興等
・小中高，大学等における飲酒に伴うリスク等の教育の推進
・職場教育の推進（運輸業の乗務員等）
・年齢，性別，体質等に応じた「飲酒ガイドライン」（普及啓発資料）作成
・女性，高齢者などの特性に応じた啓発
・アルコール依存症に関する正しい知識の啓発　等

②不適切な飲酒の誘引の防止
・酒類業界による広告・宣伝の自主基準の遵守・必要に応じた改定
・酒類の容器へのアルコール量表示の検討
・酒類販売管理研修の定期受講の促進
・20 歳未満の者への酒類販売・提供禁止の徹底　等

③健康診断及び保健指導
・健診・保健指導でのアルコール健康障害の早期発見・介入の推進
・地域の先進事例を含む早期介入ガイドラインの作成・周知
・保健師等の対応力向上のための講習会の実施
・産業保健スタッフへの研修等による職域での対応促進　等

④アルコール健康障害に係る医療の充実等
・アルコール健康障害の早期発見・介入のため，一般の医療従事者（内科，救急等）向けの研修プログラムの普及
・専門医療機関と地域の精神科等の連携促進等により，より身近な場所での切れ目のない医療提供体制の構築
・「一般医療での早期発見・介入」，「専門医療機関での治療」から「自助グループ等での回復支援」に至る連携体制の推進
・アルコール依存症の治療法の研究開発　等

⑤アルコール健康障害に関連して飲酒運転等をした者に対する指導等
・飲酒運転，暴力，虐待，自殺未遂等を行い，依存症等が疑われる者を治療等につなぐ取り組みの推進

⑥相談支援等
・地域の相談拠点を幅広く周知
・定期的な連携会議の開催等により，地域における関係機関（行政，医療機関，自助グループ等）の連携体制の構築
・相談支援を行う者の対応力向上に向けた研修等の実施
・依存症者や家族に対する支援プログラムの実施
・災害や感染症流行時における相談支援の強化　等

⑦社会復帰の支援
・アルコール依存症者の復職・再就職の促進
・治療と就労の両立を支援する産業保健スタッフ等の育成・確保
・依存症からの回復支援に向けた自助グループ，回復支援施設の活用促進　等

⑧民間団体の活動に対する支援
・自助グループの活動や立ち上げ支援
・感染症対策等の観点で，オンラインミーティング活動の支援
・相談支援等において，自助グループ等を地域の社会資源として活用

⑨人材の確保等　⑩調査研究の推進等
基本的施策①〜⑧に掲げる該当項目を再掲

注）下線は基本計画【第 1 期】からの主な変更箇所

（統合型リゾート）推進法の附帯決議を契機に，ギャンブル等依存症対策推進関係閣僚会議が設置されたことであるが，国内にギャンブル等依存が疑われる者は約70万人ほど存在すると推定されており（内閣官房ギャンブル等依存症対策推進本部事務局，2019），支援の充実が期待されている。

　法律の目的や，対策実施までの構造については，アル法と同様のものとして理解することが可能である。つまり，目的は，ギャンブル等依存症対策を推進することであり，そのために，国や地方公共団体（都道府県・政令指定都市）に対策の策定と推進を義務づけることである（ギャンブル等依存症対策基本法第5条・6条）。対策の計画に際しては，ギャンブル等依存症対策推進基本計画を策定することとなっている（ギャンブル等依存症対策基本法第12条）。なお，基本法の見直しは少なくとも3年ごとに行われることになっており，アル法とはこうした細部が異なる。

（2）ギャンブル等依存症対策推進基本計画

　こちらもアル法の場合と同様であるが，基本計画は，ギャンブル等依存症対策基本法第3章「基本的施策」にあげられた，教育の振興，ギャンブル等依存症の予防等に資する事業の実施，医療提供体制の整備，相談支援，社会復帰の支援，民間団体の活動に対する支援，連携協力体制の整備，人材の確保，調査研究の推進，実態調査の各項目に沿って作成されている。第3章に含まれる項目をみても，アル法とほぼ同様のものとなっていることが理解できる。施行後まもない同法に基づく対策がどのように実施されていくのかについては，今後，注視していく必要がある。

3.　依存症の理解と支援方法

（1）依存症の現状

　依存症の現状を正確に把握することは極めて難しい。アルコール，禁止薬物，ギャンブルなどさまざまな依存症が存在するが，こうした物質／行動への嗜癖がある人の数を正確に把握する方法が存在しないからである。こうした問題について，ある時点での推計を行うための

表 5-2　依存症患者数の推移

（単位：万人）

	1996 年	1999 年	2002 年	2005 年	2008 年	2011 年	2014 年	2017 年	2020 年
アルコール	4.7	3.7	4.2	4.3	4.4	3.7	4.9	4.6	5.2
薬物	0.1	0.1	0.2	0.2	0.1	0.1	0.3	0.2	0.5

資料）厚生労働省「患者調査」より作成

サンプリング調査が実施されることはあるものの，同じ手法で継続的に実施されているわけではないからである。依存症的な状態にある者が必ずしも受診をするとは限らないものの，継続的なデータとしては，厚生労働省の患者調査がある（表 5-2 参照）。依存症を有する患者の数の推移をみると，アルコール依存の患者数は 4 〜 5 万人程度，薬物依存は数千人程度で推移をしている。また，ギャンブル依存の患者数はより少なく，2017 年以前は数百名程度であり，その後，若干増加している程度である。繰り返しになるが，この数字は受診した患者の数であり，同様の状態にあると推測される者の数はその数倍〜数十倍にのぼると推定される。

　依存症は概して，中高年の男性に多い。図 5-1 は依存症専門医療機関における入院患者数を年齢別にまとめたものであるが，いずれの依存症においても 30 〜 50 代にそのピークがあることがみてとれる。この図に性別の情報を入れることは難しいものであるが，これらの患者

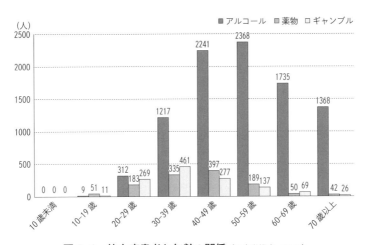

図 5-1　依存症患者と年齢の関係（厚生労働省 , 2020）

の多くは男性である。依存症が，概して孤独な中高年男性のストレス・コーピングの一環として機能しており，単に依存物質（や行動）を取り除けばそれで問題がなくなるわけではないということは，支援の前提として，強調してもしすぎることはないだろう。

(2) 依存症の理解

　依存症にはさまざまなものがあり，DSM-IV以前にはアルコールや違法薬物等の物質を体内に摂取するもののみが医学的な診断を受けていた。DSM-5で物質関連障害および嗜癖性障害群にギャンブル障害が組み込まれて以降，必ずしも精神作用物質を使用していない問題（行動上の問題）も精神障害として扱われることとなった。DSM-5では，インターネットゲーム障害（DSM-5-TRではインターネットゲーム行動症）が今後の研究のための病態として指定されているが，2019年のWHOの「改訂版国際疾病分類（ICD-11）」では，一足先に「ゲーム障害」（ゲーム依存症）が盛り込まれた。今後も，こうした流れは続くものと思われるため，心理職としては，精神作用物質の生物学的作用の基礎を知るのみならず，心理学的な観点から依存症を総合的に理解することが求められる。

　依存症について理解をするための心理学的な枠組みとしては，行動療法の枠組み，特にオペラント条件づけに基づく理解が非常に有益である（図5-2参照）。行動療法では，問題となる行動が生起し，維持される過程について，刺激・行動・その後の環境の変化という3つの視点から整理する（三項随伴性）。依存症の場合，本人がやめたくてもやめられない，ダメだということはわかっているがやってしまうというような状況である。このような行動が生み出されるのは，行動のトリガーとなる刺激に際して行動が発生し，その後に好子の出現や嫌子の消失といった環境の変化が生じることで，その行動が強化されるからだと行動療法では考える。

　多くの依存症の場合，ストレスイベントが刺激となり，依存物質を摂取したり，嗜癖行動を行う。その結果として，嫌なことが忘れられる／嫌なことを考えなくてよいといった，一次的に気分が改善される

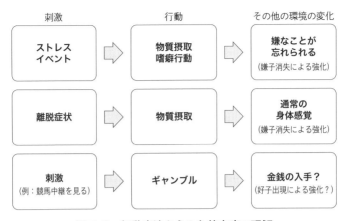

図5-2　行動療法からみた依存症の理解

という環境の変化が生じる。これが嫌子の消失となり，直前の物質摂取や嗜癖行動は強化され，ダメだとわかっていてもやってしまうという状態が維持される。

　ギャンブル等の行動が誤解を生みやすいのは，金銭の獲得が（好子の出現が）重要な環境の変化として行動を維持しているというものである。確かに，ギャンブル行動をすれば一時的には大きく儲かることがあり，その成功体験がギャンブル行動を強化するという考え方もできなくはない。しかしながら，ギャンブルの期待値は必ず1を下回るように設定されており，試行回数が増えれば増えるほど，結果は期待値に近づく。つまり，損をすることになる。ギャンブル依存症になるほど施行回数を重ねれば，当然のことながら，大きな損失を出すことになる。ギャンブル等依存症対策推進基本計画のなかにも，多重債務への対処が含まれている（そもそも，期待値が1以上になる法則を見いだしてギャンブルを行っているものは，患者ではなく，職人／プロであり，支援の場には現れない）。つまり，数少ない成功体験がギャンブル行動を強化しているのではなく，ストレッサーの軽減という嫌子の消失こそが行動を強化していると考えなければ辻褄が合わないであろう。特に，近年普及の著しいスロットなどは，スポーツ選手が言うところのゾーンや，心理学で言うところのフローと類似の状況をつくり出すよう，マシーンに入念なセッ

ティングが施されており，こうした事業者の懸命の工夫が嫌なことを考えなくて済むという心的状態（依存症）をつくり出しているようである。

（3）支援方法

　行動療法の観点から問題行動に変化を起こす（問題行動の頻度・強度・持続時間を低減する）ためには，上記の３つの観点のいずれかに介入することになる。つまり，刺激に介入するか，行動に介入するか，その後の環境の変化に介入するかということになる。しかし残念ながら，物質の摂取にせよ嗜癖行動にせよ，一度やってしまえばその後の身体的変化は程度の差はあれ必ず生じる。そのため，この部分に介入することはできない。よって，支援方法としては，刺激に介入するか，あるいは行動に介入するということになる。

　刺激に介入するということは，問題行動（例：アルコールの摂取，ギャンブル）の直接的なきっかけとなっている刺激を探し，それを取り除くことである。そして，上述のように，それは多くの場合相談者にとってのストレッサーである。相談者が問題行動を行っている状況を直接観察することは難しいであろうが，相談者から丹念に問題行動が生じる状況を聞き取り，そのトリガーを探す必要がある。あるいは，家族等の周囲の者も相談に訪れている場合には，相談者が問題行動を行う状況を観察してもらい，協働でそのトリガーを探すことも可能かもしれない。いずれにせよ，そのトリガーを探し出し，除去することができれば，問題行動を減らすことができるはずである。

　行動に介入するということは，問題行動を引き起こすトリガーに対して，別の行動を起こすように再学習させることである。繰り返しになるが，問題行動を引き起こすトリガーは，相談者にとって多くの場合ストレッサーである。そのため，当該ストレッサーに対して，問題となっている行動ではない別のストレス・コーピングを行うことができるよう，学習を促すことになる。どのようなコーピングが利用可能であり，効果的なのかは，当然のことながらケースバイケースである。

　このような治療機序が理解できれば，自助グループが依存症の治療

に（特に，アルコール依存の治療に）なぜ大きな役割を果たしてきたのかということも理解できるであろう。断酒会と AA（Alcoholics Anonymous）とではグループの運営方法は大きく異なるが，そこで参加者は，安心できる居場所，信頼できる（同じ問題に苦しむ／苦しんでいた）仲間を得ることができる。これらの経験は，問題行動を引き起こすトリガー（例：孤独，対人トラブル）を減らすことにつながる。また，自助グループ内での語り合いを通じて，先達から問題行動以外のストレス・コーピングの方法を学習し，それを実践した経験を語ると，仲間から承認（好子の出現による強化）される。このことが，依存症以外の形でのストレス・コーピングを再学習することを促進させる。

　依存症の背景には多くの生きづらさがあり，問題行動とされているものは，その人にとってほとんど唯一のストレス・コーピングである。このような視点で理解をすることで，アルコール，各種違法薬物，睡眠薬，抗不安薬，ギャンブル，カフェイン（エナジードリンク），ニコチン（タバコ），スマホ，ゲーム，自傷行為といった問題は統一的に理解することができる。これらの問題行動をただ単にやめさせることは，支援とはいえない。こうした行動の背景にある（刺激となっている）問題を解決することが，問題行動に変化を生み出すために第一に必要なことである。

　しかし残念ながら，背景にある生きづらさは大きく，こんがらがった，ややこしい問題であることがほとんどであり，心理学的な介入のみでその状況を劇的に改善することが期待されるケースばかりではない（というよりは，そのようなケースは非常に稀である）。また，こうした問題に苦しむ者は，不適切な環境で養育されてきたことも多く，自助グループにつながることすら難しいということも珍しくはない。その場合には，問題行動を無理に大きく変えるのではなく，ハームリダクションの考え方を基本として介入していくことも必要である。

　ハームリダクションとは，問題行動をやめることを第一に考えるのではなく，支援者とのつながりを維持しながら，少しでも健康上の被害を少なくしていく方法を模索するという考え方である。たとえば，アルコール依存の治療の王道は断酒であるが，それが難しい場合に

は減酒を考えることなどがこれに該当する。あるいは，リストカットのような自傷行為がやめられない場合であれば，傷の程度を浅く／小さくするために，カッターで切るのではなく，氷を握って痛みを与える，といったようなやり方を考えることである。

　繰り返しになるが，依存症に苦しむ者への支援は，その問題行動をやめさせれば終わるわけではない。依存症の背景にある問題に介入をし，社会的スキルやストレス・コーピングスキルを充実させることで，より生きやすい環境をつくっていくことこそが，支援の本丸である。このように考えれば，依存症に苦しむ者への支援において，心理職の果たすことのできる役割は非常に大きいものだといえるだろう。

ゲーム障害（依存症）への介入

　ハルト（13歳，男子）は名門私立中学に入学して以降，深夜／朝方までスマホゲームに熱中する生活を送るようになり，不登校気味になっている。ハルトは，昨年までは地元の公立小学校に通い，クラスのほかの生徒からも一目置かれる存在だった。小学校のクラスでの成績は常に一番であり，担任からの信頼も厚く，算数の時間に誰も問題が解けなくなると，担任の教諭はいつもハルトを指名し，回答を促すほどであった。裕福で教育熱心な両親のもとで育ち，小学校低学年から通塾していたハルトにとって，クラスのなかでトップの成績を維持することは当たり前のことであった。運動もでき，コミュニケーションにも長けたハルトには友だちも多く，授業内容が簡単すぎて飽き飽きすることを除けば，何の問題もない生活を送っていた。

　ハルトは，両親の後押しもあり，中学受験を見事に突破し，少し背伸びをして受験した第一志望の中学校に合格した。しかし，その中学校に通い始めてから，ハルトは調子を崩した。きちんと授業を受けているにもかかわらず，成績はふるわず，クラスのなかでも下位に低迷した。誰もが知る名門私立中学の入試を突破してくる同級生たちは皆，ハルトと同程度以上の学力をもっていた。周囲の者は皆，特に努力をしている様子もないにもかかわらず，ハルトよりも遥かによい点数をとっているようにみえた。ハルトにとって，このことは少なからずショックな出来事であった。

　この頃からハルトはスマホゲームにはまるようになっていった。裕福な家庭で育ち，小遣いの多かったハルトは課金を繰り返し，ゲームの世界でちょっとした有名人になるほどに名を馳せていった。ほかのプレイヤーからの称賛は，ハルトをますますゲームにのめり込ませていった。はじめは，勉強の合間の息抜き／気分転換のために始めたゲームであったが，次第にゲームに費やす時間が長時間化し，気づけば，ゲームが中心の生活を送るようになった。授業中もゲームの攻略方法について考え，勉強に実が入らず，ますます成績は下降していった。ゲームをやる時間を確保するために友人と遊ぶことも断るようになり，ハルトはクラス内でも孤立していった。仲のよい友人とも疎遠になり，朝方までゲームをして寝不足のハルトは，

次第に学校を休みがちになった。

　ある日，息子の使うスマホの料金に驚いた両親は，ハルトを問い詰めた。ゲームをやめさせるために母親がスマホを取り上げようとしたところ，カッとなったハルトは母親に暴力をふるった。すでに父親の身長と同等にまで成長していたハルトを力づくで押さえつけることは誰にもできず，スマホを没収することはできなかった。

　自慢の息子の変わり果てた姿に困った両親は，中学校の担任の教諭に相談をした。担任の教諭はハルトの問題に対応するにあたり，スクールカウンセラー，両親，ハルトと 5 人で話をすることを提案した。

STEP1：依存症支援における心構えと問題の見立て

　依存症という「問題」とされる行動は，生きづらさのなかでようやく見いだしたぎりぎりのストレス・コーピングであり，それを取り上げれば問題が解決するわけではないという認識は，物質／行動を問わず依存症に共通する問題理解のための基軸である。また，ほとんどの場合，口では「困っていない」「何も問題はない」と言っていても，内心は「ダメなことはわかっているのにやめられない。どうしていいかわからない」と思っているものである。つまり，依存症者は，問題を抱える困った人ではなく，苦しい環境のなかで孤独にストレスに対処している人だということである。このような基本的な認識に立てば，支援対象者に共感的に関わることはより容易になるだろう（仮に，ダメだとわかっている依存症的行動を何度も繰り返してしまったとしても）。

　すでに説明をしたように，心理職が依存症に関する問題の支援にあたる際には，行動療法の観点から見立てを立てることが有益である。先の三項随伴性による整理と同じ図を用いると，この事例については，以下のようにまとめることができる。ゲームに没頭する状態が維持されているのは，ゲームをすることによって嫌なことが忘れられたり（嫌子の消失による強化），ゲームを攻略することで得られる達成感（好子の出現による強化），ゲームを攻略することで得られる他者からの称賛（好子の出現による強化）といったものである（図 5-3）。受験期には勉強を通じて当たり前に得られていた有能感や達成感が勉強によって得られなくなり，その代替物がゲー

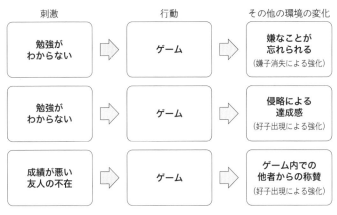

図 5-3　事例に関する見立て

ムという状態だと理解することができる。

　また，逆にいえば，中学入学以前のハルトは，受験勉強依存症だった
とみることもできる。受験勉強依存症は周囲の者から「問題」とされる
ことは少ないが，ゲームの長時間使用は「問題」とみられる。受験勉強
依存症のように，短期的に「問題」とみなされてない行動であっても，
その時間が長時間になったときに，長期的にみれば「問題」を呈するこ
とは多い。たとえば，中年期の男性の多くは，仕事依存症であり，短期
的には適応的な場合も多い。しかし，中年期の仕事依存症は職場以外の
知り合いを減らすことで男性の孤独を推進し，老年期の孤独やその結果
としての自殺を多数引き起こしているとみることもできる。こうした相
対的なものの見方は，依存症者との共感的な関係性の生成という意味に
おいては，有益である。

　三項随伴性の観点から事例を分析する際には，行動の前後でどのよう
な変化が生じているのかという点を注視する。依存症のような行動の習
慣化の問題を扱う際には，特に，自律性，有能性，関係性という観点か
ら行動の前後の環境の変化を眺めることが有効である。というのも，人
間の動機づけについて説明をする有力な理論である自己決定理論によれ
ば，私たちが当初，外発的に動機づけられて行った行動が内発的に動機
づけられていく（習慣化していく）過程では，自律性，有能性，関係性とい

う3つの欲求が満たされる必要があるからである。より平易な言葉に言い換えるのであれば，やるやらないの決定権をもっている行動のうち，その行動をすることで自身が有能であると感じられ，その行動を通じて他者とのつながりが得られるような行動に，私たちははまりがちである。こうした視点も，支援の際には有用である。

STEP2：刺激と行動に介入する

「依存症の理解と支援方法」でも述べたように，三項随伴性の観点から見立てを立てたら，それぞれの要素にどのように介入可能かという点を考える。ただし，その後の環境の変化は行動の結果として必然的に生じるものであるため，介入可能なものは，行動か刺激かということになる。

本事例で考えるのであれば，スマホを取り上げてゲームを禁じるということも考えられなくはないが，現実的ではなく，将来にも役に立つ可能性は低いだろう（ゲームをまったく知らない男子中学生が，友人をつくることはそれはそれで難しいだろう）。ゲームの長時間利用をより短時間にしていくための現実的な方策はケースバイケースであるが，基本的には，行動に付随する強化価を弱めることが重要である。強化価とは，その後の環境の変化が直前の行動に影響を与える程度のことであり，確立操作などによって強化価に変化を与えることができる。たとえば，同じものを食べる場合であったとしても，お腹いっぱいの状態で追加で食べるのと，空腹時に食べるのとでは私たちが主観的に感じる美味しさ（好子としての強化価）はまったく別物となる。空腹時に食べたものは美味しく感じるので，また食べたいと思うだろうが，満腹時に食べたものをまた食べたいとは思わないであろう。

ストレスフルな環境下でやるゲームと，満たされた状態でやるゲームとでは嫌なことを忘れられる程度が異なる。勉強がうまくいかなくなって称賛に飢えた状態で得られるゲーム内の称賛と，勉強でも称賛が得られている状態で得られるゲーム内の称賛とでは，意味がまったく異なる。リアルな対人関係がない状態で得られるゲーム内の友人と，リアルな対人関係が充実しているなかで得られるゲーム内の友人とでは，やは

り意味が異なる。たとえば，転校といった選択は，こうした環境を変えることのできる一手であり，それによって，学習環境が代わり，学業を基礎とした有能性を取り戻せば，対人関係も回復し，ゲーム時間が減少していくといったことも期待できるであろう。

　もちろん，転校のようなラディカルな環境への介入がいつでも必要なわけではない。依存症はストレス・コーピングであり，そのストレッサーが時間の経過とともに自然に軽減することが期待できるのであれば，あえてしばらくは依存症状態であることを受け入れるという選択肢も当然あり得る。たとえば，学習の遅れが一時的なものであり，時間の経過とともに周囲との差が減少することが見込まれるのであれば，あえてしばらくはゲームに頼りながら生活をしていくことも考えられるだろう。このような場合には，担任との相談によって，見通しを得ることが必要である。

　行動依存の場合はこのような選択肢もあるが，アルコールや違法薬物などの精神に作用する物質についての依存の場合，依存期間が長引くと身体に不可逆的な影響が残りかねない。その場合には，やはり，関係性と自己決定を大事にしながらも，迅速に環境に介入していくことも必要になってくるだろう。

ワーク

5

事　例

　シノブ（15歳，女子）は，年齢相応の悩みではあるが，自分自身の体型を気にしていた。ある日，比較的重い風邪にかかり，数日の間まともに食事ができずに寝込んでしまうということがあった。体調が回復し，久しぶりに登校すると仲のよい友人から「なんかちょっと痩せた？　前よりいい感じじゃん（笑）」と声をかけられた。それ以来，シノブは食事量を風邪のときと同じように極度に少なくするダイエットに熱中していった。ところがしばらくすると，何らかのストレスがかかると夜中に過食をするようになった。過食をすると，その後に強い罪悪感にさいなまれ，気分が大きく落ち込んだ。過食をした自分を罰するため，自室にあったカッターで左上腕を切ると，シノブは，すっと気持ちが落ち着くことに気がついた。それ以降，極度のダイエットをし，過食をしては，リストカットをすることが習慣化していった。

　リストカットをし始めた当初は，服で隠せる場所をうっすらと切るだけで十分にすっきりとすることができた。しかし，次第により深く・大きく切らなければ気持ちが落ち着かなくなり，傷跡は増えていった。洋服だけでは隠しきれなくなった左腕の傷跡に気づいた母親が，専門家に相談をしようとシノブに話をしたが，シノブは「そんなものに意味はない」「私は別に病気じゃない」と相談を拒否していた。

考えてみよう！

　自傷行為の果たす機能は誤解されることの多いものです（上腕を切って死亡することは非常に稀であり，自殺企図のために行われることはほとんどありません）。自傷行為に関して扱った書籍や論文を読み，依存症という観点から自傷行為が果たす機能について考えてみましょう。

話し合ってみよう！

　依存症の問題は，その問題を抱える当事者のみならず，家族などの周囲の人間にも深刻な影響を与えることが多いものです。当事者ではなく，周囲の者が問題の存在を認識し，相談を促すものの，本人が相談を拒否するということはしばしば起こります。これまでの自身の援助要請行動に関する体験を振り返って，援助要請をする際の心理状況や，どのようにすれば相談を促すことができるのかという点について，話し合ってみましょう。

ロールプレイをしてみよう！

　シノブは母親の説得にもかかわらず，専門家に相談をすることを拒否しています。あなたがシノブの母親であれば，どのようにシノブに接し，話をして相談につなぐでしょうか。ロールプレイをしてみましょう。

動機づけ面接

ワーク5の事例にあげたように，依存症の問題は周囲の者が先にその行動を「問題」と認識し相談を促すも，本人がそれを拒否するということが少なくない。この状態は，仮に相談につながったとしても継続するものであり，本人の治療動機づけが十分でないということは珍しいことではない。アルコール依存であれば断酒が治療の王道であるが，断酒し続けることや，自助グループに通い続けることは，実際には非常に難しい。依存症の問題では，その行動をしない状態を維持するための動機づけを高めておくことそのものが治療の本丸であることが多く，その状態をつくり出すための技術・理論も開発されている。依存症に関わる問題を扱う際に，心理職にとって最も役立つ技術・理論のひとつは動機づけ面接である。

動機づけ面接とはアンビバレントな心理状態（例：飲酒をしてはいけないことはわかっているが，それでも飲みたい）を解消するために行動を変容しようというクライエントの内発的動機を高めることを目的としたクライエント中心かつ指示的な方法であり（Miller & Rollnick, 2002），もともとはアルコール依存への支援経験から提唱されたものである。ここでの「指示的」とは，行動療法のことを意味しているが，動機づけ面接は本質的には，クライエント中心療法の理論を基礎とし，共感的な対話をより戦略的に行うものと理解して差し支えないだろう。動機づけ面接では，クライエントの抱えるアンビバレントな状態に変化を起こし，新しい行動を促し（例：飲酒でストレス・コーピングを行うのではなく，自助グループに通って，仲間に話をする），それを維持させるために，4つの原則に則って面接を行う。それは，共感を表現する（Express Empathy），矛盾を拡大する（Develop Discrepancy），抵抗を手玉にとる（Rolling with Resistance），自己効力感を援助する（Support Self Efficacy），である。

このような対話技法を用いて治療動機づけに影響を与えようと考えることの背景には，依存症的な行動を抱えて相談に来るクライエントは基本的に何らかの葛藤を抱えているものだという仮定がある。クライエントは，現在の行動を変えることには十分な理由があると思いながら，一方で変わることにはコストもかかり変わらないことの利益もあると考えているため，対話を通じてそのバランスを崩していくことが動機づけ面接の目的となる（図5-4 参照）。人間の意思決定場面について考えると，変化することの利益（例：アルコール依存が治り，妻と復縁できる），変化することのコスト（例：別のコーピングを使えるようにするのは大変），変化しないことの利益（例：飲めば即座に嫌なことを忘れられる），変化しないことのコスト（例：アルコール依存のせいで，仕事に支障を来している）の4点に関する見積もりにより，その決定がなされると考えられる。そのため，これらの葛藤状況を明確化（≒矛盾を拡大する）したうえで，変化することの利益と変化しないことのコストの見積もりを高めることで，治療動機づけは促進されると考えられる。

多くの人は，相談者本人のもつ変化することの利益と変化しないことのコストの見積もりを高めるために，変化することの利益や変化しないことのコストを懇切丁寧に説明する。これは，つまるところ「説教」であり，自身の体験を振り返れば理解でき

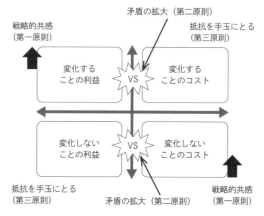

図 5-4　動機づけ面接による意思決定支援のイメージ

ると思うが，このようなことをされても，問題を抱えている側の認識に変化は起きない。期末テスト前に勉強しなければいけないことがわかっているにもかかわらず，部屋の片づけをしたことがある人は多いだろう（片づけ依存症である）。この際，親から「勉強しなさい」「勉強しないとよい点数がとれない」などと言われる状況を経験したことがある人も少なくはないだろうが，仮にそのような経験がなかったとしても，そんなことを言われれば余計にやる気がなくなることは想像にかたくないだろう。

　動機づけ面接では，こうした状況を解消するために，相談者と共感的に対話をしながら，辛抱強く変化することの利益や変化しないことのコストを「相談者が」口にするのを待ち，それが発せられると，そこに共感をすることで，こうした変化に必要な認識を高めていく。そして，変化するための方法を教示し，変化をすることができるという自信を高めることで（≒自己効力感を援助する），ついに変化が起こる。その後，生じた新たな行動を強化する環境を構築することで，変化が維持されるという流れである。

　動機づけ面接については，多くの教科書・参考書も出版されており，本格的な学習はそういった書籍を読んでいってほしい。

自殺を予防し, 幸福な人生をつくる

自殺対策基本法

　日本では現在, 2% 弱の人が自殺という形でその人生を終える。仮に 150 人の知り合いがいたとき, そのなかに自殺死亡者が含まれない確率は 5% 以下である。思春期・青年期頃から自殺による死亡は増加をしてくるが, これらの世代において「死にたい」「自殺したい」と考えたことがある者は 3 割程度にものぼる。つまり, 大半の人間は, 知人に自殺死亡者がいるはずであり, また, 希死念慮／自殺念慮を抱くことはまったく珍しいことではない。心理職として仕事をしていくに際して, 自殺に関する事象を扱わないことは不可能であり, 相談者の自殺を経験することも稀ではない。そこで本章では, 自殺対策基本法を取り上げて自殺対策の実施状況に関して説明を行うとともに, 自殺の現状と自殺に関する理論を提示し, この現象への理解を深めることを目的とする。

1. 自殺対策基本法

(1) 自殺の定義

　自殺対策基本法は, 2006 年 6 月 21 日に公布, 10 月 28 日に施行された法律である (その後, 2016 年に一部改正)。その背景には, 1998 年の自殺者数の爆発的増大以降に続いていた自殺者年間 3 万人時代の存在がある。名称から明らかなように本法は主に, 国や地方自治体に対して自殺対策を実施することを義務づけることを目的として制定されたも

のである。

　しかし，少なくとも本法のなかでは，自殺とは何かというややこしい問題については踏み込んでおらず，対策の対象となる自殺という現象の定義づけはなされていない。

　そもそも，日本には，自殺という現象について公的な統計が2種類存在する（図6-1参照）。厚生労働省の人口動態統計と警察庁の自殺統計である。人口動態統計は，本邦における人口の変化の把握が目的であり，人の誕生と死亡を管理するものである（もちろん，それは基本的に納税者の存在を把握するためである）。人が死亡すると死亡届および死亡診断書（死体検案書）をもとに地方自治体の役所で人口動態調査死亡票が作成され，それが厚生労働省で集約され，人口動態統計ができあがる。こちらの場合，死亡診断書を作成する医師が自殺だと判断した総数ということになる。一方で，警察庁の自殺統計は，警察の捜査などの過程で自殺と判断された場合に自殺統計原票が作成され，集約されたものである。異常死における犯罪性の確認の過程で生成されるものであり，警察による判断が自殺か否かを決定している。これらは，いずれも現場での判断によって生成されるものであり，そこに厳密な定義は存在しない（そもそも，この2つの統計で計上される自殺者数は一致しない）。とはいえ，これらの過程で自殺と判断されるものが，自殺対策の対象となるものだと考えて大きな間違いはないだろう。

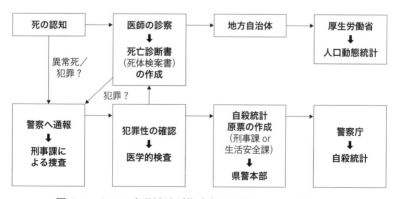

図6-1　2つの自殺統計が作成される過程（末木，2020，p.25）

自殺という現象を定義づけることは非常に難しいことであるものの，自殺をどのような現象として捉えるべきかという点については，自殺対策基本法第2条（基本理念）のなかにいくらかの記載が存在する。

第2条　自殺対策は，生きることの包括的な支援として，全ての人がかけがえのない個人として尊重されるとともに，生きる力を基礎として生きがいや希望を持って暮らすことができるよう，その妨げとなる諸要因の解消に資するための支援とそれを支えかつ促進するための環境の整備充実が幅広くかつ適切に図られることを旨として，実施されなければならない。
2　自殺対策は，自殺が個人的な問題としてのみ捉えられるべきものではなく，その背景に様々な社会的な要因があることを踏まえ，社会的な取組として実施されなければならない。
3　自殺対策は，自殺が多様かつ複合的な原因及び背景を有するものであることを踏まえ，単に精神保健的観点からのみならず，自殺の実態に即して実施されるようにしなければならない。
4　自殺対策は，自殺の事前予防，自殺発生の危機への対応及び自殺が発生した後又は自殺が未遂に終わった後の事後対応の各段階に応じた効果的な施策として実施されなければならない。
5　自殺対策は，保健，医療，福祉，教育，労働その他の関連施策との有機的な連携が図られ，総合的に実施されなければならない。

（自殺対策基本法　第2条）

　ここを読めばわかるように，自殺については，個人的な問題ではなく，その背景にさまざまな社会的要因がある複雑な現象だという認識が示されている。そのため，精神保健的な観点からの対策が実施される必要性については言うまでもないことではあるが，単にそのレベルにとどまるのではなく，社会的な対策も必要である旨が記されている。
　このような複雑な問題に対処するため，支援者は，緊密に連携して支援にあたる必要があるが，このことは，以下の条文にも明記されている。

国，地方公共団体，医療機関，事業主，学校（学校教育法（昭和二十二年法律第二十六号）第1条に規定する学校をいい，幼稚園及び特別支援学校の幼稚部を除く。第17条第1項及び第3項において同じ。），自殺対策に係る活動を行う民間の団体その他の関係者は，自殺対策の総合的かつ効果

> 的な推進のため，相互に連携を図りながら協力するものとする。
>
> （自殺対策基本法　第8条）

　自身の働く職域にもよるところはあるが，公認心理師はその職務の性質上，自殺予防活動に従事することも多い。その際には，第8条にも明記されているように，関係者間での緊密な連携が必要である。自殺予防は支援者にとってもストレスフルな仕事であるため，「死にたい」「自殺したい」といった相談こそ支援者一人で抱え込むのではなく，_{（守秘義務に注意を払いつつ）}関係者間で緊密に連携し，チームで支援を行っていく必要がある。

（2）法の目的

　自殺対策基本法の目的は以下のようになっている。

> この法律は，近年，我が国において自殺による死亡者数が高い水準で推移している状況にあり，誰も自殺に追い込まれることのない社会の実現を目指して，これに対処していくことが重要な課題となっていることに鑑み，自殺対策に関し，基本理念を定め，及び国，地方公共団体等の責務を明らかにするとともに，自殺対策の基本となる事項を定めること等により，自殺対策を総合的に推進して，自殺の防止を図り，あわせて自殺者の親族等の支援の充実を図り，もって国民が健康で生きがいを持って暮らすことのできる社会の実現に寄与することを目的とする。（自殺対策基本法　第1条）

　条文から明らかなように，この法律の主要な目的は，国や地方公共団体に対して自殺対策を実施する旨の義務を課し，自殺対策を推進することである。ただし，ここでいう自殺対策とは，単に自殺を防止することのみを指しているわけではない。自死遺族の支援は自殺の防止にもつながることであるが_{（自殺遺族は自殺ハイリスク者でもあるため）}，それに加えて，国民が健康で生きがいをもって暮らすことのできる社会の実現が，法制定の目的となっている。つまり，単に自殺企図や自殺死亡を予防するというだけではなく，そもそも死にたくなるような状態に追い込まれることを防ぐこと_{（健康で生きがいをもって暮らすこと）}の実現こそが，法の目的だということである。

こうした目的を実現するため，自殺対策基本法は，国および地方公共団体に対して，自殺対策を実施することを義務づけている。具体的な条文は，以下のようになる。

第3条 国は，前条の基本理念（次項において「基本理念」という。）にのっとり，自殺対策を総合的に策定し，及び実施する責務を有する。
2 　地方公共団体は，基本理念にのっとり，自殺対策について，国と協力しつつ，当該地域の状況に応じた施策を策定し，及び実施する責務を有する。
3 　国は，地方公共団体に対し，前項の責務が十分に果たされるように必要な助言その他の援助を行うものとする。

（自殺対策基本法　第3条）

第13条を読むとわかることではあるが，ここでいう，国および地方公共団体とは，都道府県（政令指定都市）と市町村を意味している。なお，2016年の法改正前は，対策の実施が義務づけられていたのは都道府県レベルであり，市町村に対してはこうした義務はなかった。2016年の法改正以降，市町村レベルで（つまり，より細かい単位で）地域の実情に合わせた自殺対策の計画の策定とその実施が義務づけられることになった。

国および地方公共団体は自殺対策の計画および計画の実施を義務づけられているが，その中身となる基本的施策を説明したものが第3章（基本的施策）の第15～22条の内容である。ここでは，国および地方公共団体に対して，調査研究の推進，人材の確保，心の健康教育の推進，医療提供体制の整備，自殺発生回避のための体制整備，自殺未遂者の支援，自殺者の親族への支援，自殺予防に関わる民間団体の活動への支援を行うことが求められている。

2. 自殺総合対策大綱——自殺対策の具体的な方法

上記のような大まかな基本的施策は法律内で定められているものの，これだけで各地方公共団体が具体的な自殺対策を実施するのは困難である。そのため，政府が推進すべき自殺対策の指針となる自殺総合対策大綱を定めることが，第12条で規定されている。

> 政府は，政府が推進すべき自殺対策の指針として，基本的かつ総合的な自殺対策の大綱（次条及び第 23 条第 2 項第 1 号において「自殺総合対策大綱」という。）を定めなければならない。(自殺対策基本法　第 12 条)

　自殺総合対策大綱とは，端的にいえば，自殺対策のメニュー表のようなものであり，自殺対策を実施する主体はこのメニュー表のなかから各自治体の実情に合ったメニューを選び，自殺対策を計画・実施していくことになる。自殺総合対策大綱は，自殺対策基本法が施行された翌年である 2007 年に初めて策定され，以後，概ね 5 年に 1 回のペースで改定を重ねている。2007 年に策定された後，2008 年に一部改正，2012 年に全体的な見直しが行われた。2017 年の改定時には，地域レベルの実践的な取り組みへの支援を強化すること，社会全体の自殺リスクを低下させるために ICT などの技術を活用したアウトリーチ／援助希求行動の促進，自殺未遂者の再企図の防止，子ども・若者の自殺対策などが強化された。なお，地域レベルの実践的な取り組みへの支援への強化は，2016 年の自殺対策基本法の一部改正によって，それまでは都道府県・政令指定都市レベルまで自殺対策の策定・実施の義務化がなされていたものが，市町村レベルにまで拡大したことがその背景にある。

　本章執筆時の最新版は 2022 年に閣議決定された「自殺総合対策大綱―誰も自殺に追い込まれることのない社会の実現を目指して―」であり，表 6-1 は，最新の自殺総合対策大綱の概要である。2022 年の改定では，新型コロナウイルス感染症拡大の影響を踏まえた対策の推進に加え，コロナ禍において特に顕著であった，子ども・若者・女性の自殺の増加を受け，これらの者をターゲットとした対策が追加された。

　一方で，自殺総合対策大綱に対しては，総花的であり，優先順位や（自殺予防に関する）エビデンスレベルの記載がなく，どの施策が重要なのか，自治体の担当者にわかりづらいという批判もある。もちろん，自殺対策の基本は地域の実情に合わせて政策を策定・実施することであるから（自殺対策基本法第 3 条第 2 項），このような形式でも趣旨としては問題ない。ただし，各地方自治体に存在する自殺対策を所管する部署の

表 6-1　自殺総合対策大綱（令和 4 年 10 月閣議決定）の概要（厚生労働省，2022）

第 1　自殺総合対策の基本理念
誰も自殺に追い込まれることのない社会の実現を目指す
✓自殺対策は，社会における「生きることの阻害要因」を減らし，「生きることの促進要因」を増やすことを通じて，社会全体の自殺リスクを低下させる
阻害要因：過労，生活困窮，育児や介護疲れ，いじめや孤立等 　促進要因：自己肯定感，信頼できる人間関係，危機回避能力等

第 2　自殺の現状と自殺総合対策における基本認識
✓自殺は，その多くが追い込まれた末の死である
✓年間自殺者数は減少傾向にあるが，非常事態はいまだ続いている
✓新型コロナウイルス感染症拡大の影響を踏まえた対策の推進
✓地域レベルの実践的な取組を PDCA サイクルを通じて推進する

第 3　自殺総合対策の基本方針
1．生きることの包括的な支援として推進する
2．関連施策との有機的な連携を強化して総合的に取り組む
3．対応の段階に応じてレベルごとの対策を効果的に連動させる
4．実践と啓発を両輪として推進する
5．国，地方公共団体，関係団体，民間団体，企業および国民の役割を明確化し，その連携・協働を推進する
6．自殺者等の名誉および生活の平穏に配慮する

第 4　自殺総合対策における当面の重点施策
1．地域レベルの実践的な取組への支援を強化する
2．国民一人ひとりの気づきと見守りを促す
3．自殺総合対策の推進に資する調査研究等を推進する
4．自殺対策に関わる人材の確保，養成および資質の向上を図る
5．心の健康を支援する環境の整備と心の健康づくりを推進する
6．適切な精神保健医療福祉サービスを受けられるようにする
7．社会全体の自殺リスクを低下させる
8．自殺未遂者の再度の自殺企図を防ぐ
9．遺された人への支援を充実する
10．民間団体との連携を強化する
11．子ども・若者の自殺対策をさらに推進する
12．勤務問題による自殺対策をさらに推進する
13．女性の自殺対策をさらに推進する

第 5　自殺対策の数値目標
✓誰も自殺に追い込まれることのない社会の実現を目指すため，当面は先進諸国の現在の水準まで減少させることを目指し，令和 8 年までに，自殺死亡率（人口 10 万人当たりの自殺者数）を平成 27 年と比べて 30％以上減少させることとなる。 （平成 27 年：18.5 ⇒ 令和 8 年：13.0 以下）※令和 2 年：16.4

第 6　推進体制等
1．国における推進体制
2．地域における計画的な自殺対策の推進
3．施策の評価および管理
4．大綱の見直し

○平成 18 年に自殺対策基本法が成立。
○同法に基づく「自殺総合対策大綱」に基づき，自殺対策を推進。

　現行：令和 4 年 10 月 14 日閣議決定
　第 3 次：平成 29 年 7 月 25 日閣議決定
　第 2 次：平成 24 年 8 月 28 日閣議決定
　第 1 次：平成 19 年 6 月 8 日閣議決定

職員は，自殺対策に専従する者ではなく，数年単位でさまざまな部署を移動している場合がほとんどである。そのため，自治体職員には自殺や自殺対策に関する専門的知識が不足している場合が多く（加えて，地域で活用可能な援助資源にも限りがあるため），自殺総合対策大綱を考慮しながら，地域の実情に照らし合わせて適切な対策を策定・実施していくことは難しく，どの自治体の政策も似たようなものになりがちである。

3. 自殺の現状とその理解

(1) 自殺率の推移

　自殺対策基本法成立の背景には，1998 年の自殺者数の爆発的増大以降に続いていた自殺者年間 3 万人時代の存在があると書いたが，ここで，過去の自殺率の推移を確認しておきたい。

　戦後の日本における自殺率は概ね 10 万人中 15 〜 25 人程度の間で推移していることがわかる（図6-2）。男性の自殺率は女性のそれよりも常に高く，2 〜 3 倍程度となっている。男性の自殺率は景気変動などの社会的イベントに左右されやすく，98 年の消費税増税とアジア通貨危機に伴う景気後退によって，自殺率が前年（97年）の 1.5 倍程度まで一気に増加したことがみてとれる。これが，自殺対策基本法の成立の背景にある。

　図 6-2 をみると，自殺対策基本法の施行以降，着実に自殺率が減少していることがわかる。ただし，これが法制定の効果であるか否かは不明である。また，自殺率／自殺者数は減少しているものの，診断名不明確および原因不明の死亡とされる死者数は，2000 年代前半以降，年間 1 万人以上増えている。戦後の自殺率が 10 万人中 15 〜 25 人程度の間で推移していることから，現在の（自殺対策基本法施行以降の）自殺率の減少トレンドは，98 年以降続いた高止まりの揺り戻しとも考えられる。仮に，今後自殺率の減少が続き，10 万人中 15 人を切る水準が続くようになったとすれば，そこで初めて大きな社会的変化が生じていると考えることができるだろう。

　さて，以上が「教科書的な」統計情報の説明であり，一般的には自

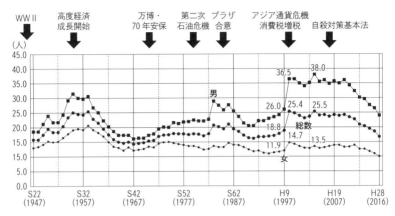

図 6-2　戦後の自殺率の推移と社会的イベントとの関連（人口 10 万人当たりの自殺者数）（末木，2020，p.52）

　殺の現状はこのような形で解説されることが多い。ただし，統計情報は，作られた数字であり，その数字がどのように作られているのかということを正確に吟味しなければ，真実を理解することはできない。教科書的な理解だけではなく，自殺統計に関する盲点についてもここで説明をしておきたい。

　図 6-3 は，自殺の近縁にある死因と断定された死者数を含む，自殺死亡率の時系列的な推移を表したものである。自殺はその現象の性質上，必ずしも正確にその死因が分類されるわけではない。死亡者が死の直前に死に関するはっきりとした意図や目的をもっていたか否か，死者に直接尋ねることは不可能だからである。死者が死に関する目的や意図を有していたか否かがはっきりとはしない場合，自殺のような現象は，自殺以外に分類されて統計情報として計上される場合がある。

　その代表例が「診断名不明確および原因不明の死亡」である。つまり，原因がよくわからないということである。原因がよくわからない死亡は当然のことながら，国全体でみれば一定の確率で発生する。しかし，この原因不明の死亡は，事故死亡のように一定の確率で発生しておらず，2000 年頃から急速に増加をしており，今日では自殺者数よりもその数が多く，かつ，原因不明の死者数が多い地域では自殺者数が少ないというゆるやかな関連もある（詳細は末木，2023 参照）。これらの

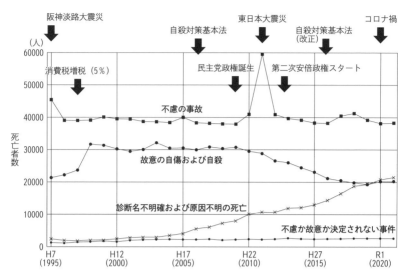

図 6-3　自殺および自殺と近縁にある死因による死者数の時系列的な推移
資料）厚生労働省「人口動態調査」より作成

事実は，この国の死亡分類に関する統計情報（あるいは統計データの作り方）に何らかの問題が含まれていることを意味している。

　自殺統計は一定の割合で過小評価されており，その程度には，地域や死亡者の年代等によるさまざまなバイアスがかかっている。その程度を正確に評価した上で統計と付き合っていく必要がある。もちろん，このことは自殺統計に限らず，さまざまな場面で同じことがいえる問題である。

（2）自殺の要因

　専門職として，関係者と連携しながら自殺予防に関わっていくためには，特に，自殺の危険因子に関する知識が必要である。なぜならば，公認心理師には，「死にたい」と訴える相談者に対応したり，そうした相談者に対応しているほかの専門職への助言などを行うことが期待されているからである。すでにみたように，性別（男性であること）は自殺の生起に影響を与えるひとつの要因であるが，それ以外にも，さまざまな要因が折り重なることによって，自殺が発生する可能性は高まっていく（表6-2）。

表 6-2　自殺の危険因子一覧 (末木, 2020, p.61)

保健医療システム	ヘルスケアへのアクセスの障壁
社会	自殺方法への容易なアクセス 不適切なメディア報道 スティグマ（による援助希求行動の低下）
地域	災害，戦争，紛争 異文化への不適応，差別
人間関係	孤立および社会的支援の不足 人間関係の葛藤，不和，喪失
個人	過去の自殺企図 精神障害（うつ病，アルコール依存，統合失調症等） 失業，経済的損失 絶望 慢性疼痛 家族の自殺 遺伝

　ただし，これらの要因が何を意味しているのかという点については慎重に理解をする必要がある。これらは，こうした要因を有する者が最終的に自殺で亡くなる確率が，そうではない者に比して若干高いということを意味しているにすぎない。一方で，私たちが臨床上しばしば遭遇するのは，「ある特定の個人を今からしばらく入院させ，常に誰かがその動向を目にしておけるような環境を構築すべきか否か？」とか，「学生や生徒が『死にたい』と訴えているが，家族に迎えに来てもらう必要はないのか？（一人で帰宅させて大丈夫なのか？）」といったものである。つまり，いついつまでに特定の個人が本当に自殺／自殺企図してしまわないかどうか，といったことの判断を迫られている場面である。こうした場面において，自殺の危険因子に関する知識を有していることは役に立つものではあるが，それが100％の予測を保証してくれるわけではない。うつ病の患者は自殺で亡くなる確率がそうではない者に比べて高いが，ほとんどのうつ病患者が今すぐに自殺で亡くなるわけではなく，うつ病ではなくとも自殺で亡くなる者はいる。これらの危険因子は判断材料の一部であり，その状況に応じた工夫が求められる。

(3) 自殺に関する総合的理解（自殺の対人関係理論）

　上記のようなさまざまな自殺に関する危険因子をまとめて，自殺と

いう現象を総合的に理解するためには，自殺の対人関係理論を活用することができる（図6-4参照）。自殺の対人関係理論とは，Thomas Joiner の提唱した自殺の説明と予測に関する心理学的理論である。この理論では，3つの要素によって自殺の生起を説明することができると考える。3つの要素とは，身についた自殺潜在能力，所属感の減弱，負担感の知覚である。

　まず，所属感の減弱とは，自身が他者との関係性に所属しているという感覚のことであり，より平易な言葉にするのであれば，孤独感や疎外感といったものである。負担感の知覚とは，自身が他者の負担になっている，役に立っていないという認知のことであり，より平易な言葉にするのであれば，自尊心の喪失と言っていいだろう。自身を他者のお荷物／役立たずだと認識することから，迷惑をかけないようにと他者から離れ，そうやって他者との距離ができることから，自身を役立たずだと認識するのだろう。これらが相互的に強まっていくと，私たちは自殺念慮，つまり，自殺したいという気持ちを抱くようになる。そしてこのとき，身についた自殺潜在能力が十分に高いと，致死

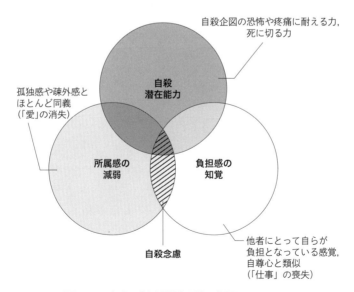

図 6-4　自殺の対人関係理論の概要 (末木，2022)

的な自殺企図が発生することとなる。身についた自殺潜在能力とは，自身の身体に致死的なダメージを与える能力のことである。少し想像すれば容易に理解できることであるが，通常，私たちは自身の身体にダメージを与えることに強い恐怖感や忌避感を抱いている（例：自分の利き手を強く握り込み，全力で自身の頬を殴れと言われて，それをきちんとできる人間がどれだけいるだろうか？）。そのため，私たちが致死的な自殺企図を実行にするためには，そうした身体的痛みに耐え，恐怖感を克服する能力が必要となる。このような能力が十分に高くなければ，自殺したいと思ったとしても死ぬことはできないが，こうした能力が十分に高ければ，実際に致死的な自殺企図が発生し，結果として死亡する可能性が生じてしまうと考える。

　このように自殺という現象の大筋を理解しておけば，上記の多様な自殺の危険因子についても，それがなぜ危険因子として機能してしまうのかを理解することができる。たとえば，精神障害の一種であるアルコール依存への罹患は自殺の危険因子であるが，これがなぜ危険因子となるのかというと，アルコール依存が自殺の対人関係理論の3つの要素を高めることが多いからである。第1に，酩酊状態になれば，通常感じるはずの恐怖感を感じなくなる場合があるということについては，多くの人が共感的に（体験として）理解することができるであろう。また，アルコール依存がひどくなれば，仕事がおぼつかなくなり，解雇等にあって，負担感の知覚が高まるかもしれない。その状態で配偶者に愛想をつかされて離婚ということになれば，所属感も減弱する。このようにして，アルコール依存状態は自殺についての危険因子として機能する。また，過去の自殺企図歴は未来の自殺死亡を予測するうえで非常に重要な要因であるが，それは，自殺企図そのものが自殺潜在能力を高めるからである。同様に，自殺潜在能力を高め得るような体験（例：軍事訓練，自傷行為）といったものも，自殺の危険因子になり得る。

（4）幸せな人生の形成

　すでにみたように，自殺対策基本法の目的（第1条）には，法の制定の目的が，単に自殺を予防するだけではなく，「国民が健康で生きが

いを持って暮らすことのできる社会の実現に寄与すること」であると明記されている。自殺死亡は少なくなったものの，自殺念慮を抱える国民が増えている「生殺し」状態が国のあるべき姿ではないことは当然のことである。そうではなく，こうした対策はすべて，国民の健康で生きがいをもった生活，つまり「幸せ」を創出することにある。しかしながら，上述のように，自殺の危険因子を理解し，それらを除去すれば私たちは幸せになれるというわけではない。

　人が幸福に生きていくために何が必要かという点について研究上明らかになっていることは，おそらく私たちのもつ常識から大きくかけ離れてはいない。もちろん，幸福をどう定義し，それをどう測定するのか（どう研究に落とし込むのか）という点については歴史的に膨大な議論があり，細かい点に多少の相違はあるものの，私たちの幸福な人生に重要なものは，大きく，社会・経済状況，心身の健康，関係性の3つの観点から整理することができる。より端的にいえば，社会・経済状況が安定しており（基本的欲求が充足されており），心身の健康が保たれていて，対人関係が充実しているという状態ということになる。

　これらの要因をみればわかるように，自殺と幸福とはコインの表と裏の関係である。社会・経済状況の安定という点で心理職が寄与できることは少ないが，心身の健康の維持や対人関係の充実という点において，果たすことのできる役割は大きい。精神障害があればその治療に寄与することは当然であるが，良質なセラピスト－クライエント関係を提供することは対人関係の充実に直接つながるものである。また，単にセラピーの枠組みのなかで対人関係を提供するだけではなく，相談者がどのようにすれば，他者との関係を築くことができるのかという点から，支援をしていくこともできるであろう。自殺対策をするということは，単に自殺を防ぐということではなく，死にたくならないように幸せに（健康で生きがいをもって）生活していくことができるような環境をつくっていくということである。心理職への仕事の依頼は，自殺の危険性のアセスメントや危機介入が必要な際になされることも多いが，より長期的な視点から相談者を支援していこうと考えた際には，こうした視点は欠かすことのできないものとなってくる。

自殺への危機介入

　ミナト（21歳，大学4年，男性）は生真面目な性格であり，日頃から勉学に励む優秀な学生だと周囲から認識されていた。しかしながら，本人は，自分に対して自信をもつことが難しく，他者からの評価を常に気にし，他者の成績と自身のそれとを比較するようなところがあった。心理学科を志望し進学したことに明確な理由はなく，3年生に進学する際のゼミ選択でも，学科のなかで最も厳しい指導をすると評判のゼミを選んだ。真面目な性格であることから，ゼミで不適応を起こすことはなかったものの，友人と呼べる存在には恵まれていなかった。

　ミナトは，3年生の頃から就職活動をスタートさせたが，有名企業ばかりを選んでエントリーをしていた。折からの不況もあり，4年になってからも就職活動は思ったように進まず，内定が出ない状況が続いていた。就職が決まらないことは両親との関係の悪化にもつながり，ミナトは家族との関係もうまくいっていなかった。次第にミナトの睡眠状況は悪化し，普段は真面目に活動をしているゼミ中に寝てしまうことがたびたび起こるようになった。指導教員は，こうした点を気にかけてはいたものの，卒業論文の進捗に大幅な遅れはなく，本人からの相談もなかったため，様子をみる状態が続いていた。

　このような状態がしばらく続いた後，卒業論文で行う実験の指導のため，指導教員はミナトを研究室に呼び出した。このところの様子が気になっていた指導教員が，「最近様子がこれまでとはやや違うように思うが，何か困ったことでもあるのか」と尋ねると，ミナトは「就職活動もうまくいかず，ゼミもちゃんと受けられない。こんな自分が許せません。自分はダメな人間で生きている資格もないし，もう死んでしまいたい」とつぶやきました。指導教員は，ミナトと話を続け，学内にいるカウンセラーに会うことを勧め，連れだって学生相談室にやってきた。

STEP1：自殺に関する危険因子・保護因子を分析・整理する

　心理職は，法的というよりは職務倫理上，自殺の危険性を検知した場合に，これに適切に対応する必要がある。希死念慮・自殺念慮そのものは必ずしも珍しいものではないが，こうした訴えを知った際には，当然のことながら自殺予防的対応を実行することが求められることとなる。

　自殺予防のために心理職が行う危機介入においては，まず，自殺の危険性について評価を行うことである。これまでにみたように自殺の危険性について評価を行う際には，相談者が自殺の危険因子を（あるいは，その逆である保護因子を）どの程度有するかということを丁寧に聞き取っていく必要がある。仮に，自殺の危険性がない場合であっても，相談者のアセスメントには一定の時間が必要なものであるが，自殺に関わる問題の場合，本人が援助希求をしたというよりは，周囲が自殺の危険性を心配して連れてくるという場合も多く，その際にはより多くの時間を割いて聞き取りを行う必要があるかもしれない。

　自殺の因子については，表6-2や，自殺の対人関係理論をもとに考えていくことが重要となってくるが，これらの要因が，その職域における典型的な相談者においてどのように発現し得るかということを理解しておくと，よりスムーズに評価ができるようになる。たとえば，本事例のような大学生を対象とした学生相談の場合であれば，単位不足で卒業・就職に支障がある状態（負担感の知覚），それ以前に履修届などの学内における重要な就学に関わる手続きがなされていない（負担感の知覚），指導教員との関係が希薄である（所属感の減弱），授業に出席しておらずサークルなどにも所属していない（所属感の減弱），親元を離れて一人暮らしをしている（所属感の減弱），といった点などがあげられる。

STEP2：援助資源を把握し，環境を調整する

　学生相談室のカウンセラーは，面接室でミナトから話を聞き，ミナトの抱える問題と自殺の危険性に関する評価を進めた。それと並行して，ほかのカウンセラーが指導教員と話をし，ミナトの状況について把握するよう努めた。1時間半ほどゆっくりと時間をかけて話を聞いた結果，ミナトは

これまでに自殺をしようと試みたことはなく，気持ちも少し落ち着いてきたとのことであった。ただし，この数か月は食欲もなく少し体重は減っており，夜中に何度も目が覚めて熟睡できたという感覚はなく，日中，就職活動にも学業にも意欲が以前ほど湧かない状態が続いているということであった。また，この間，学内のとある高層な建物の屋上から飛び降りることを考えたという。

指導教員から聞いた話によると，ゼミに配属されてから，ミナトは基本的に真面目に学業に取り組んできたものの，やや融通の利かない完璧主義的な傾向があるという。こうした性格が影響してか，ゼミ内で後輩の発表に対して攻撃的に批判をすることを繰り返しており，友人と呼べる存在がおらず，孤立しているとのことであった。

自殺への危機介入を行う際に，何よりも重視しなければならないことは，自殺潜在能力を下げることである。死は不可逆的なものであり，死んでしまうとやり直しがきかないからである。人は，自分だけの力で死ぬことはできず，基本的には道具の力を頼り，それによって自殺潜在能力を補う必要があるため，自殺潜在能力を下げることは物理的に環境に介入することによって達成することができる場合が多い。本事例の場合，建物の高層階から飛び降りることによる自殺企図を考えたことがあるというので，その方法の利用可能性を低減することによって，自殺潜在能力を下げることが可能になる。具体的には，当該の建物の高層階の窓が開かないようにしておく，屋上に出られないように施錠を行うといった方法になるかもしれない。学内の施設管理に関する部署との連携によって，こうした対策を実施することは，それほど難しいことではない可能性が高いだろう。

もちろん，物理的な介入方法によって自殺潜在能力を下げる方法は万能ではない。たとえば，学内の建物に対策することはできても，自宅が高層マンションであれば対策できないといった批判も考えられる。もちろん，物理的な介入は万能ではないものの，複数の自殺企図方法を入念に準備し，状況に応じて使い分けるといったほどに下準備をしてから起こる自殺企図は稀である。そのため，相談者がどのような方法をどこまで具体的に考えているのかを丁寧に確認することは重要なことである。

自殺に関する事柄や自殺方法に関する事柄について質問をすると「寝た子を起こす」といった誤解もあるが，このような理由で考えている自殺方法についての質問をすることは非常に重要である。

STEP3：援助資源と相談者をつなげる

　自殺潜在能力を下げるための（主に物理的）環境調整が済んだら，次にやるべきことは，危機に瀕する者と他者とを心理的につなげていくことである（所属感の減弱に対して介入することである）。人が自殺を考えるとき，その者と他者との関係性は切れている。仮に支援者に対して「死にたい」と言ってくれるとすれば，支援者と相談者の間は，細い糸でかろうじてつながっているといえる。その細い糸をなるべく太くしていく。改めて言うまでもないが，相談者と被相談者との細い糸を強化するものは，第一には共感的な面接・対話である。

　最初の糸を強化することができたのであれば，その数を増やしていくことが次に考えることとなる。糸が一本しかないのでは心もとないので，相談者につながる糸の数を増やし，理想的にはネットのようになるように，相談者と周囲の者とをつなげていく。そうすれば，仮に一本の糸が切れたとしても，ほかの糸が機能し，容易に「死にたい」状態には戻らないと予想されるからである。長期的にみても，対人関係の充実は幸福感につながるものであり，支援における重要な作業となる。逆にいえば，周囲に援助資源が容易に見つからないケースについては，その後の困難が予想されるということになる。

　本事例での具体的な対応を考えると，まずは，精神科等の医療機関の受診を勧めることが考えられる。ただし，仮に支援者側からみて医療機関への受診が適切だと判断されるような状態であったとしても，相談者がこれを拒否することは少なくない。精神科受診のもつスティグマや服薬への恐怖心などが原因としてあげられることが多いが，こうした問題はケースバイケースで対応していく必要がある。紙幅の都合上，ここで詳細を解説することは難しいが，動機づけ面接の理論は，他機関への相談を促す際に非常に役に立つ。

　次に，同行して来室している指導教員との関係について考えていく必

要がある。学生にとって教員は重要な援助資源であり，教員を支援の網の目に組み込むことの意義は大きい。一方で，自殺念慮を抱える学生の指導は教員にとっても負担の大きいものである。教員と学生との関係を強化していくためには，たとえば，相談者の状況についての見立てと対応方法を伝え，共有していくことが役立つと思われる。この際，守秘義務の問題については慎重に扱う必要がある。本事例の場合，教員を経由して来談に至っているため，学生に，現状を教員に伝えたいと相談をすれば承諾が得られる可能性は高いだろう。一方で，学業上の問題を抱えている場合であっても，相談の内容は当然のこととして，相談に来ていることそのものを指導教員に知られることを拒否する学生も少なくはない。基本的には，相談者の同意が必要であるが，自傷・他害の恐れのある事例についてどのような形で情報共有をしていくのか，組織内で（この事例の場合，大学全体のなかで）調整し，関係者間での合意を形成しておくと緊急時にもスムーズに対応可能になる。

　最後に，親やその他のカギとなり得る友人などへの対応を考える。前述の指導教員の例でも説明した通りであるが，相談者本人の同意を得ながら，周囲の者との関係をつないでいく。ただし，親・恋人などは，援助資源になる場合もあれば，ストレッサーになり得る場合もある。つながりは多いに越したことはないが，状況全体を考慮して，あえてつながないという場合もあり得るだろう。

STEP4：ポストベンション

　あまり考えたくないことではあるが，仮に事前に自殺の危険性についてある程度検知をし，介入を行ったとしても，不幸にも自殺が生じてしまうことはあり得る。というよりも，心理職として仕事をしていく以上，いくら努力をしようともそのような事態にいつかは遭遇するだろう。そこで，以下では，上記学生が自殺で亡くなった場合について考えておきたい。

　自殺が発生した場合，故人を含むコミュニティへの支援が欠かせない。遺された者の自殺の危険性は高まるが，故人と強い関係性のあった者は，特に危険性が高くなる。自殺の連鎖を防ぐために，心理職には遺された者・コミュニティへの支援が求められる。

親しい人や身近な人の自殺を経験した場合，遺された者は悲嘆と呼ばれる心理的反応を示す。これは，死別に際する正常な反応であり，異常なものではない。概ね，半年から1年ほどの間に，ショックによる精神的麻痺状態→故人を切望する状態→精神的な混乱と絶望の状態→故人の死の受容，といった経過をたどるとされるが，（自殺の）原因の追求，罪悪感／責任感，絶望感，恥，（故人からの）拒絶感，（故人への）怒り，（自身の）死の恐怖といった多様な心理状況を経験する。その過程で，うつ病やPTSDといった精神障害を発症し，これらの悲嘆が長期化・遷延化すると，回復に向けて専門的な治療が必要となるかもしれない。遺された者の性別，年齢，続柄，故人の年齢，死別からの経過時間，死体との直面の有無，ソーシャルサポートの有無によっても悲嘆の経過は影響を受けるため，これらはどのような者が強い影響を受けたのかを判断するための基準になり得る。

　コミュニティへの対応において重要な点は，特定の個人への責任転嫁を誘発しかねない噂を防止し，コミュニティ構成員の脆弱性を高めないための広報を実施することである。こうした事態は多くの場合隠し通すことは難しいものであり，隠蔽は噂を誘発し，コミュニティ構成員の不安感を高める。事態を隠蔽するのではなく，客観的で適切な情報を与えることによって自責感を取り除き，安心感を与えて遺された人たちが支援を求めやすい環境をつくることが重要である。仮に，学校のような教育機関で学生が自殺をしたという場合には，連鎖自殺の防止，学業・研究への意欲や能率の低下，集団（研究室・ゼミ）の団結力の低下や精神障害の発生の予防と発見といったことを目的に，学科長などの責任者を中心にした打ち合わせを行い，介入計画を立案・実施していくこととなる。ただし，こうした場での介入の場合，指導教員やカウンセラー本人も遺された者であり，強い影響を受けている可能性は見過ごされることもある。ミイラ取りがミイラにならないような注意も必要である。

　ポストベンションに限らず，自殺の危機介入に関わる作業は総じて，支援者本人にとっても強いストレスを与える。相談者のみならず，支援者がつながる支援の糸も多いに越したことはない。このような場合に備えて，日頃から組織内の連携の網の目を太くしておくことは，支援者自身を助け，適切な対応をすることを支えてくれるものである。

事 例

　田中さん（51歳，女性）の夫の弟（義弟）は，1年前，同居をしていた女性ととも
に賃貸マンションの一室で心中を図り，死亡した。義弟の遺した遺書には，多額の借
金と職場内でのいじめに関する絶望と怒りが綴られていた。夫と義弟は2人兄弟であ
り，幼少の頃から仲がよく，田中さんと義弟は幼馴染の関係であった。義弟は安定し
た仕事に就くことができておらず，職を転々とし，常時サラ金で借金をしていた。兄
である夫のもとにもしばしば金の無心に訪れており，仲のよかった夫は義弟の借金を
一部肩代わりすることを繰り返していた。

　夫と義弟の両親はすでに他界していた。義弟のマンションの所有者と田中さんの夫
とは，心中によって心理的瑕疵物件となったマンションの保証を巡って係争関係が続
いていたが，先日，ようやく裁判が終結した。義弟の死後，田中さんは，亡くなった
義弟に対して激しい怒りと自責の念が湧き，眠りが浅く，食欲や集中力も低下し，抑
うつ的な気分が慢性的に続くようになった。田中さんと夫とは，義弟の死後，義弟の
ことについて一切話をしていない。そのため，このことについて夫に相談をすること
もできず，田中さんは，近隣にあるあなたの勤務する精神科クリニックを受診した。

考えてみよう！

　自死遺族が直面する困難は，心理的なものは当然のこととして，法律的な問
題や経済的な問題など，多様なものがあります。自死遺族への支援に際して必
要なことはどのようなことでしょうか。自死遺族の手記や関連する論文を読
み，考えてみましょう。

話し合ってみよう！

　一般的に，自死遺族の心理状況はどのようなものであり，悲嘆のプロセスは
どのように進行していくのでしょうか。これまでの自身の喪失体験（可能であ
れば，特に，対人関係に関する喪失体験）を振り返って，喪失体験後の心理状
況の変化について，話し合ってみましょう。

ロールプレイをしてみよう！

　主治医は，田中さんに抑うつ気分や睡眠に関する薬剤の処方を行うのみなら
ず，あなたがカウンセリングを行うことを提案し，あなたと田中さんは面接を
することになりました。田中さんは，義弟の自殺について，悲しみたいのに悲
しめないという主訴を訴えています。あなたは，田中さんに対してどのように
対応するでしょうか。ロールプレイをしてみましょう。

コロナ禍での自殺

　2020年初頭より始まった新型コロナウイルス対策による社会的変化は，自殺の生起にも変化を与えた（図6-5参照）。2020年3月13日に成立した新型コロナウイルス対策の特別措置法に基づいて2020年4月7日から7都府県に緊急事態宣言が発令されたが，2020年の春はそれ以前に比べて大幅に自殺者数が減少している。5月25日に全国で緊急事態宣言が解除されると揺り戻しが起こり，夏頃には増加に転じ，10月には過去数年で最も死者数が多くなった。

　第6章で取り上げた自殺に関するさまざまな知識は，こうした事態を理解をするためにも非常に有用なものであった。パンデミックを含め，大規模な自然災害や，戦争のような人災は，自殺率を一次的に低下させる効果をもつ。それは，こうした非日常的異常事態が，私たちを一次的に団結させ，他者を援助したいという気持ちを高めるとともに（例：東日本大震災発生後の献血量の増大），孤独感を低減させるからである。ただし，こうした心理状況は長くは続かない。非日常も長く続けば日常となり，当たり前のものとなれば，一次的に高まった団結は崩れていく。そのため，自殺は一次的に減少したのちに，緩やかに増大に向かう。このような知識を有していれば，非日常的場面に置かれたとしても，専門職として何をどのように（優先順位をつけて）対処していけばよいのか，しっかりと考えることができるだろう。

　また，10月の自殺者数の爆発的かつ一次的増加については，7〜9月に断続的に生じた有名人の自殺をメディアが頻回に報道した影響だと考えられる。不適切なメディアによる自殺報道の繰り返し／拡散は集団における自殺リスクを上昇させる（ウェルテル効果）。とりわけ，死者と類似の属性をもつ視聴者の受ける影響は大きい。こうした知識も，自殺予防のための啓発活動を各職域において展開していく際に，役立つものと思われる。

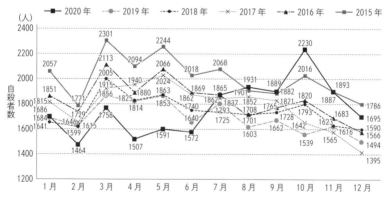

図6-5　2020年より数年間をさかのぼった月別自殺者数 （警視庁，2021）

第7章

被災者のこころをケアする

被災者のこころのケア
都道府県対応ガイドライン

　2011 年の東日本大震災や 2018 年の西日本豪雨を例に出すまでもなく，日本は，地震や豪雨，津波などの自然災害が発生しやすい地理的状況にある。このような災害が起こると，身近な人が亡くなったり，家屋・住居や財産などを失ったり，これまでの生活環境が大きく変化したりする。被災者はそのようななかでも生活を再建していくが，その心には大きな傷を負うことになる。

　現在，日本では，このような被災者の心理的支援に関する法律はない。一方，内閣府からは 2012 年に「被災者のこころのケア都道府県対応ガイドライン」(以下,「ガイドライン」；内閣府, 2012) が発出されており，各自治体でも，この「ガイドライン」に基づいて，自治体ごとのガイドラインや支援計画が作成されている。本章では，「ガイドライン」をもとに，被災者の心理的支援について把握していく。

1. 被災者のこころのケア

(1) こころのケアとケアレベル

　被災者とは，一般的に，地震や豪雨などの自然災害によって被害を受けた者のことをいう。被災者生活再建支援法では，自然災害について「暴風，豪雨，豪雪，洪水，高潮，地震，津波，噴火その他の異常な自然現象により生ずる被害」(被災者生活再建支援法第 2 条第 1 号) と定義し

ている。このような自然災害によって生じる影響は，地域によっても異なり，また個々人にとっても異なっている。突然起こった自然災害に対して，ある人は動じることなく対処し，その後も比較的適応的に生活することができるのに対し，別な人は生じた被害に立ち直れないほどのショックを受け，長期間落ち込むこともある。そのため，被災者に対する「こころのケア」は被災者に対して一様に行うのではなく，いくつかの段階・レベルに分けて，適切に行っていくことが求められる。

このような考えから，「ガイドライン」では「こころのケア」を，被災者に必要とされるケアの特性によって，以下の3段階に分けている。

①生活支援，情報提供などにより一般の被災者に心理的安心感を与え，立ち直りを促進するためのケア
②精神科医療を必要とはしないものの家族を亡くしたり，独居など継続した見守りが必要な被災者に対するケア
③被災により精神科医療が必要となった被災者および発災前から精神科医療を受けていた被災者に対する診療

このような3段階の「こころのケア」にあわせて，「ガイドライン」では，3段階のこころのケアレベルを設定している（図7-1）。

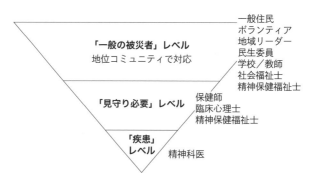

資料出所：「災害・紛争等緊急時における精神保健・心理的社会支援に関する
IASCガイドライン」より作成

図7-1　3段階のこころのケアレベル（内閣府，2012）

「一般の被災者」レベルとは，被災による心理的なダメージが比較的小さく，医療的なケアは必要としない程度の者である。このレベルの場合，こころのケアは地域コミュニティの維持回復や再構築が効果的である。被災者が自発的に集まり，ほっとできる居心地のよい場所の提供，コミュニティの維持回復・再構築を補強するような地域コミュニティからの情報提供，被災者が自然にコミュニティに参加しやすい状況をつくり出すことなどが求められる。

　「見守り必要」レベルのこころのケアは，適切なこころのケアを行わないと「疾患」レベルに移行する可能性が高い被災者や，被災による悲嘆が強く，ひきこもりなどの問題を抱えている被災者が対象となる。「見守り必要」レベルの者に対しては，保健師や心理職，精神保健福祉士などが被災者に対して傾聴を示し，アドバイスなどを行っていく。また，医療ケアの必要性について判断し，必要に応じて医療機関や精神科医が含まれる**こころのケアチーム**の紹介，地域コミュニティへの引き継ぎを行うことが求められる。

　「疾患」レベルは，発災により医療ケアが必要と判断された被災者や，発災前から精神疾患をもつ患者を対象として，精神科医が含まれるこころのケアチームや被災地の精神科医療機関による処方・投薬などの精神科医療ケアを行っていく。なお，被災地において精神科病院の機能が喪失している場合には，遠隔地への入院手配なども行っていくことになる。

　これらこころのケアレベルのスクリーニングは，市町村のこころのケア担当や市町村の保健センターの保健師が中心となって実施し，必要な医療や支援につなげていくことになる。

(2) 被災者の反応と対応

1) 被災者に生じるストレス反応

　自然災害という，いつもとは異なる，大きな変化が生じる状況に置かれたとき，人にはさまざまなストレス反応が生じる。「ガイドライン」では，ストレス反応の原因を心的トラウマと社会環境ストレスに大別している。心的トラウマとしては，災害の体感によるもの（地震の

揺れ，爆発音，炎など），災害の目撃によるもの（建物の倒壊，火災，遺体・受傷の目撃など），災害による被害によるもの（負傷，近親者や友人の死傷，自宅や財産の被害・喪失など）があげられている。また，社会環境ストレスとしては，避難所や転居による不慣れな生活，それまでの日常生活の破綻，新たな対人関係への負担，思い通りに情報が取得できないこと，被災者として注目されることがあげられている。

　このようなストレス状況下において，被災者は多様なストレス反応を示す。発災後数日程度は，多くの被災者に以下のような心身症状やストレス反応がみられる（内閣府，2012）。

①心理・感情面のストレス反応：感情のマヒ，睡眠障害，恐怖の揺り戻し，不安，孤独感，疎外感，イライラ・怒り・落ち込み，生き残ったことへの罪悪感メモなど

②思考面のストレス反応：集中困難，思考力のマヒ，混乱，無気力，短期の記憶喪失，判断力や決断力の低下，選択肢や優先順位を考えつかないなど

✎メモ
罪悪感
災害などで生き残った人たちや他の人に比べて損失が小さかった者が抱く罪悪感のことをサバイバーズギルドと呼ぶ。

③行動面のストレス反応：怒りの爆発，けんか，過激な行動，家族間のトラブル，ひきこもり，閉じこもり，社会からの孤立，飲酒や喫煙の増加，拒食・過食，子ども返りなど

④身体面のストレス反応：頭痛・筋肉痛，高血圧・心臓病，胃腸疾患，免疫機能の低下による疾患など

　このような発災後数日程度でみられるストレス反応（急性期症状）は，時間の経過とともに，多くの被災者では軽快していく。しかし，なかにはこのようなストレス反応が長期化し，**心的外傷後ストレス障害**（PTSD）になる者もいる。PTSD は，危うく死ぬ，重傷を負う，性的暴行を受けるなどの心的外傷的出来事を直接体験したり，直に目撃したり，そのような話を聞いたりしたりすることによって，①侵入症状（フラッシュバックや反復的で苦痛な夢など），②心的外傷的出来事に関連する刺激の持続的回避，③心的外傷的出来事に関連した認知や気分の陰性的変化，④過覚醒と反応性の著しい変化を示す精神疾患である。PTSDは時間の経過とともに自然に回復することもあるが，一部は慢性化し

て，日常生活・社会生活に影響が生じることがある。

またPTSD以外にも，不安や孤独感の強まり，閉じこもりや自殺などが生じることがあるとされている。

2）被災者への具体的な対応

被災者に対する対応やこころのケアというと，PTSDに対する心理療法を思い浮かべるかもしれないが，被災直後に心理療法などを実施することは困難である。「ガイドライン」では，被災者への具体的な接し方として，表7-1の7点をあげている。

災害直後，被災者は避難所での生活への適応，行方不明者の捜索，残った家屋などの整理，支援などに関する情報の収集など，これまで行ったこともないようなことを同時に行わなければならない。そのため，ゆっくり話を聞いてもらったり，心理療法を受けたりしている時間的・心理的な余裕はない。そのような状況では，狭義のこころのケア（傾聴，心理教育，リラクセーション指導など）以上に，より一般的な支援（避難所を清掃する，申請書の書き方を教える，子守りを手伝うなど）を行うことのほうが望まれる場合がある。また，そのような一般的な支援を通して被災者と関わることで，心理職との関係づくりが進められ，また被災者がどのようなことに困っているのか，何を求めているかを把握すること

表7-1　被災者支援の基本的心構え（内閣府，2012より作成）

生活再建を重視し，コミュニティの力を尊重した活動が必要 ①災害後早期のこころのケア活動は，「心理学的」というよりは，より生活再建に即した「実際的」な性質のものとする。 ②被災者の生活上のストレスを重視する。 ③被災コミュニティの特質を考慮するとともにコミュニティの持つ力を尊重し活用する。 **被災者の立場に立った支援が必要** ④自分がこころのケア活動を必要としていると思う被災者はほとんどいない。 ⑤災害後のこころのケア活動は，「こちらから出向いて支援を提供すること」に重点をおく。 ⑥被災者に見られる情動的な反応の多くは，「異常な状況に対する正常な反応」である。 **被災者を助ける支援者自身への配慮も十分行う** ⑦被災者のこころのケア活動にたずさわる支援者には二次的被害の可能性がある。

ができ，被災者のニーズに合った支援を実施することができるように
なる。被災者のニーズのなかには，心理
職やこころのケアチーム^{メモ}だけでは対
応しきれないものもある。その際には，
コミュニティの力を活用することが重
要である。コミュニティの力を活用する

こころのケアチーム

災害時に被災者のこころのケアに対応で
きるように，都道府県において平時から
整備されるもので，医師・精神科医，看
護師，心理職，精神保健福祉士，事務職
などで構成される。

ことは，被災者同士が「互いにつながっている」という実感を得られ
るきっかけとなる。また，災害からの復興もコミュニティで行ってい
くため，そことつながり，また支え合う関係をつくっておくことは，
中・長期的にみても必要となってくる。

　また，カウンセラーのような心理職は，相談室にいて，来談者（クラ
イエント）を待っているというイメージがあるが，それは被災地ではう
まくいかない（被災地でなくてもうまくいかないことが多いが）。先述のように，
被災者は被災したことにより，これまでに行ったことのないことを同
時に行わなければならならず，気を張っていることが多い。また，
「自分よりも被害の大きかった人はいる」「私よりも耐えている人や頑
張っている人がいる」という思いから，普段以上に活動的になってい
る人もいる。ふとした瞬間に涙が出る，まったく寝つけないのような
状態についても，「こんな事態なんだから当たり前」と思って，誰に
も話したりはしない。このように，被災者の多くは，「自分は大丈夫」
「自分にはこころのケアは必要ない」と思い込んでいる。これでは，
いくら心理職が相談室で待っていても，誰も来ないのは当然である。

　そのため，心理職は，「こちらから出向いて支援を提供する」こと
が重要になってくる。先に述べたような実際的な性質の支援をはじ
め，今必要とされている支援を行っていく。そのなかで，被災者の生
の声を聴き，現場のニーズを把握するとともに，支援を必要としてい
る（こころのケア活動が必要であると考えられる）被災者を把握することが必要
となる。また，眠れない，涙が出る，強い不安を感じるなどの状態・
反応については，「異常な状況に対する正常な反応」であることを伝
えることが有益である。そのように被災時に生じ得る反応について正
確な情報を提供すること，ほかの人もそのような反応を示すことがあ

ることなどを伝えるだけでも，被災者の不安の軽減につながるのである。

　以前は被災者に対して，被災した状況などを語らせるグループ・ディスカッションである**デブリーフィング**が行われていた。しかし，近年ではデブリーフィングによる精神的安定などに対する効果はほとんどなく，時には**二次的被害**（二次受傷）を生じさせたり，PTSD の要因となったりすることが指摘されるようになっている。そのため，デブリーフィングは行わないことが基本である。ただし，被災者が被災した状況などについて話をしたがっている場合は，丁寧に話を聞くことが求められる。

　このようなこころのケア活動を行っていくなかで，重要なのは，支援者が自身の心身の状態に目を向け，必要に応じてケア（セルフケア）を行っていくことである。被災地で支援を行う際，支援者自身も被災者である可能性がある。また，助けを求める被災者が多数いるにもかかわらず，助けられる人数には限界があり，時には助けられない人が出てきてしまう。そのようななかで，睡眠障害や食欲不振，気持ちの落ち込み，助けられなかったことへの罪悪感，休憩もとらず救助・支援活動をし続けなければならないという責任感などが生じてくる。ほかの地域から派遣された場合でも，いつもとはまったく状況が異なっており，どこに何があるのか，誰が誰なのか，何をどうしていいのか，わからない状態に置かれる。そのようななかで，深刻な被害を受けた人たちをケアし続けることで，二次的被害が生じる可能性もある。自身の心身の健康が保持できなければ，被災者のこころのケア活動を適切に行うことは困難である。「医者の不養生」という言葉があるが，支援者は常にそうならないように配慮することが求められるのである。

　このような支援者側のこころのケアについては，組織的取り組みと個人的取り組みが有効であるとされている（表 7-2）。

3) 子ども・障害者・高齢者などのこころのケア
①子どものこころのケア
　自然災害によって親しい者を亡くしたり，これまでの生活が一変し

表 7-2　支援者に対するこころのケア（内閣府，2012より作成）

組織的取り組み

● 役割分担と業務ローテーションの明確化
　業務内容や責任範囲，活動期間，交替時期をできるだけ早期に明示する。

● 支援者のストレスについての教育
　災害時に支援者にも不安や抑うつの反応が生じることは恥ずべきことではなく，適切に対処すべきであることを教育しておくことが有効。

● 住民の心理的な反応についての啓発
　支援活動において，住民からの心理的な反応（怒りや不安などの感情）が支援者に向けられることがあることをあらかじめ理解しておくことも重要。

● 支援者の心身のチェックと相談体制
　心身の変調についてのチェックリストを支援者本人に手渡すなどし，自己管理を促すとともに，必要があれば健康相談を容易に受けられるようなカウンセリング体制を整えることも必要。

● 業務の価値づけ
　組織のなかでしかるべき担当者が，支援活動の価値を明確に認め，労をねぎらうことが重要。

個人的取り組み

● 仲間同士の協力
　自分だけでなんとかしようと気負わずに，自分の限界を知ったうえで，仲間と協力し，お互いに気をつけ合い，声をかけ合いながら活動することが大切。

● 仲間とのコミュニケーション
　情報交換の時間を定期的にもち，その日の体験を仲間同士で話し合うなど，仲間とのコミュニケーションを密にする。

● 仕事にめりはりを
　交替時間を守り，働きすぎを避け，休息は十分にとる。家族や友人と過ごせる時間を確保し，仕事のことを考えない時間をつくることも重要。

　たりする状況は，大人であっても受け入れがたいものがあるが，子どもであればなおさらである。子どもの場合，災害に際して，何が起こっているのか理解できなかったり，今後どうなっていくのかの見通しをもつことが難しかったりする。また，自分の心の状態を客観的に把握したり，言語化したりすることも難しい場合があり，周囲が気づかないうちにストレスを蓄積させていることもある。子どもはそのような蓄積されたストレスを，行動で表したり，身体の反応として表したりする。具体的には表7-3のようなものがある。

　被災によって，大人も余裕がない状態で，子どもがぐずぐず言ったり反抗的になったりすると，余計に大人も余裕がなくなり，イライラしてしまうことがある。また，なかなか寝られなかったり，おねしょをしたりするのも，どのように対応すればよいか困る状況である。津波の被害を経験した子どもが，毛布を使って「津波だぞー！」と言っ

表 7-3　子どもに現れやすいストレス反応 (内閣府，2012 より作成)

こころの反応 ○赤ちゃんがえりをする。 ○甘えが強くなる。わがままを言う。ぐずぐず言う。 ○反抗的になったり，乱暴になったりする。 ○災害体験を遊びとして繰り返す。 **からだの反応** ○食欲がなくなる，あるいは食べ過ぎる。 ○寝つきが悪くなる，何度も目を覚ます。 ○いやな夢を見る。夜泣きをする。 ○何度もトイレに行く，おねしょをする。 ○吐き気や腹痛，下痢，めまい，頭痛，息苦しさなどの症状を訴える。 ○喘息やアトピーなどのアレルギー症状が強まる。

て，ほかの子どもを巻き込むような遊び（災害遊び）をしているのをみると，「不謹慎だ」と言ってやめさせてしまうこともある。しかし，これらの反応は，子どもなりのストレスの表現であり，同時に，現在の状況を受け止め，落ち着いていくための方法でもある。これらの反応・行動に対して，大人は以下のような対応をしていくことが望ましいとされている（内閣府，2012）。

　　○現在起きている症状は，誰にでも起きるもので，その子のせいではないこと，恥ずかしいことではないと説明する。
　　○一緒にいる時間を増やす。
　　○子どもが話すことは，否定せずに聴くようにする。
　　○話したくないときには無理に聞き出さないようにする。
　　○抱きしめるなど，スキンシップの機会を増やす。
　　○災害体験を遊びとして繰り返すことは，本人が落ち着いていくプロセスなので無理に止めないようにする。

　これらは，子どもの反応をそのまま受け入れるとともに，子どもと過ごす時間を確保することであるとまとめることができる。被災直後，大人にも余裕はないが，子どもにはもっと余裕がない。そんななかでなんとか発しているサインを見逃さないことが，子どものこころのケアの第一歩である。また，そのようなストレスを抱えながらも，周囲に気をつかって，率先して大人の手伝いをしてくれる子どももいる。そのような子どもの背景には，「動いていないと，余計なことを

考えてしまう」のような思いがあったりもする。手伝いをやめさせる必要はないが，あまり負担が大きくなりすぎないように配慮することは必要である。

　被災すると，いつも遊んでいた公園が使えなくなったり，学校が避難所になり，グラウンドが車で埋め尽くされたりするなど，子どもの遊び場がなくなってしまうことがある。周りでは大人が親しい人を亡くし悲しんでいたり，慌ただしく動き回っていたりする。そのようななかで子どもが遊んでいると，イライラして遊びをやめさせようとしたり，悲しんでいる人がいるから静かにするように諭したりする大人も出てくる。しかし，子どもが遊ぶことは日常生活においても自然なことであり，特に被災時には，ストレスを発散したり，安心感を得たりするうえでも重要な活動である。周囲の人のことも考えると，グラウンドや避難所の一部のスペースを遊び場として用意して，子どもの遊びを確保することが必要となる。

　多くの子どもは，1〜2週間である程度の落ち着きをみせ，赤ちゃん返りや悲しみ，食欲不振，不眠などのストレス反応も軽減していく。しかし，なかにはこれらの反応が軽減せず，悪化するような子どももいる。そのような子どもに対しては専門的な支援が必要であるため，医療機関や市町村のこころのケア担当，保健センターなどの専門家に相談することが求められる。

　②障害者のこころのケア

　障害者の場合，災害時には健常者以上にさまざまな困難に出会うことになる。視覚障害者や聴覚障害者の場合は，必要な情報が適切に受けることが難しいことがある。身体障害者では，被災した場所からの移動に困難が生じる。知的障害者や精神障害者の場合，何が起こったのか理解することが困難であったり，そのような状況に対して，健常者以上の反応を示したり，精神障害者の場合には精神障害が悪化することも考えられる。

　何よりも問題となってくるのが，平時であれば受けることができていた福祉サービスが受けられなかったり，医療が受けられず薬が不足したりすることである。なかには，自分の状態・症状や必要な医療・

福祉サービスを説明することが難しい障害者もいる。そのため，専門家だけでなく周囲の人も，そのような障害者を早期に見つけ，専門的な支援につなげていくことが必要である。

「ガイドライン」には，障害の種類による対応のポイントがあげられている（表7-4）。

表 7-4　障害の種類による対応のポイント（内閣府，2012 より作成）

視覚障害
・本人の視力や身体の状態に合わせた誘導を行う。
・誘導介助の際は支援者が前に立ち，肘の上をつかんでもらい，ゆっくり歩く。
・言葉で周囲の状況を具体的に説明する。
・常に声をかけるよう心がけて，不安を軽減する。

聴覚障害
・本人の希望を聴いて，最適なコミュニケーション手法を選択する。
・障害の軽い耳の方からゆっくり話す。
・筆談の準備もする。
・補聴器のある方には大声で話さず，正面からゆっくり，はっきり普通の声で話しかける。

肢体障害
・介助の方法は本人の希望に合わせる。むやみに車椅子や歩行器具，身体に触らないようにする。
・必要に応じて，杖，車椅子等，福祉用具を用意する。

内部障害
〈腎機能障害〉
・通院による透析ができなくなった場合に備え，被災地域外の医療機関での透析実施可能性を把握しておく。
・基準体重やダイアライザーのタイプなどの透析条件を緊急連絡カードに記入しておく。
・食事，水分を上手にコントロールするよう気をつけて支援する。
〈膀胱・直腸の障害〉
・悪化を防ぐために早めに医療機関との連絡を取り，医療機関からの指示や緊急時の対処法を確認しておく。

知的障害
・家族等と協力して支援する。
・できるだけわかりやすい言葉を使って状況を説明する。また，説明を理解しているか確認しながら話を先に進める。
・できるだけ災害以前と同じような生活ができるように配慮する。
・急に興奮したり，気分が沈んだり，パニックになるなどの情緒的反応が起こった場合は刺激から遠ざけ，落ち着くまでゆっくり待つ。

精神障害
・周囲に障害を知られたくない場合もあるので，日頃から服用している薬があれば，他人の目を気にしないで服薬できる場所を工夫する。
・薬があと何日分残っているか，服薬が継続できるかなどを確認する。
・質問攻めにせず，落ち着くまで話を聞き，見守る。
・睡眠が十分とれるよう配慮する。
・話をする場合は，一度に多くの内容を盛り込まず，ひとつのことを簡潔に伝えるようにする。
・強い不安や症状悪化が見られる場合は，かかりつけ医（かかりつけ医の機能が失われている場合は，精神科医が含まれるこころのケアチーム）に連絡し，指示を受ける。

③高齢者のこころのケア

　高齢者の場合，移動が困難であったり，急激な環境の変化になじむことが難しかったりする。また，持病を有しており，服薬が必要であったり，身体的・心理的な支援が必須となっていたりする者もいる。必要な情報を取得することができなかったり，必要な支援を求めることができない，あるいは遠慮をして言い出さなかったりする場合もある。経済的な問題も抱えている場合が多く，生活の再建の見通しがもちにくいこともある。このような高齢者は，被災によって，食欲低下，不眠，下痢，持病の悪化などの身体の不調や，孤独感，悲嘆，喪失感，抑うつ感，不安，支援の拒否など心の不調などを示すことがある。

　高齢者も，時間の経過とともに，自然とこれらの反応は減っていくものの，周囲からの一定程度の声かけ・関わりは必要となる。「ガイドライン」には以下のような対応が示されている（内閣府，2012）。

①様々な不安に対して安心感を与える試みをする。
②声をかけ，名前を呼び，今の状況をわかりやすく話す。
③規則的な生活や身だしなみに気を配れるように促す。
④得意なことでできそうなことはやってもらう（役割・生活の張り合いを与える）。
⑤閉じこもりを防ぐために，できるだけ被災前の人的交流を保てるよう，また外出の場，人と触れあう場の提供に努める。
⑥気になることがあった場合の相談先を伝え，いつでも対応してもらえるという安心感をもってもらう。

被災者への心理的支援

　東日本大震災が発生してから3か月が経った頃，公認心理師の山本さんは「こころのケアチーム (精神医療チーム)」の一員として，津波で甚大な被害に見舞われた港町に派遣された。その町で，心のケアチームは地元で働く保健師のフォローや避難所の巡回診療，浸水家屋に住む世帯の健康支援訪問などを行っていた。

　ある日，山本さんは保健師の指示で津波によって浸水し家屋が半壊してしまった桜井さん (58代，男性) の家を訪問した。居間に招き入れられた山本さんは，配給された缶コーヒーを差し出された。被災者でもない山本さんが断ろうとすると「いいから」と突き返し，桜井さんは座るように言った。恐縮しながら座る山本さんの真向いには，背伸びしても手が届かないあたりの壁にくっきりと津波が残した土がこびりついていた。「……ここまで津波に呑まれていたのか」と心のなかで山本さんは被害を実感した。

　最近の生活状況や心身面のことについて尋ねると，桜井さんはぽつりぽつりと胸の内を語った。「家のもの全部が流されてしまった」「あのとき，俺は隣の屋根に引き上げられたんだ。それで手を伸ばしたけど，あいつ (妻) は目の前で津波に流された」「残ったのはこの家と俺だけ」「生きている意味あるんかね……」。部屋の隅にある小さな仏壇にはまもなく枯れてしまう花と，配給されたパンと缶コーヒーが供えられ，遺影はなかった。山本さんは桜井さんの壮絶な体験と心情を思うと，どんな言葉かけも薄っぺらいような気がして，ただただ話を聞くことしかできなかった。それでも，桜井さんがあまり眠れておらず食欲がないこと，一日中気分が沈んでいること，疲労感がずっとあり集中力がない状態にあることがみてとれた。帰り際に山本さんは会いに来ることを約束し，玄関を出た。すると，門塀の脇に缶ビールやチューハイの空き缶が大量に入ったゴミ袋が複数置いてあることに気づいた。

　山本さんは保健師とチーム・メンバーに桜井さんの状況を報告した。被災によりさまざまな喪失を経験し，抑うつ症状が顕著であり，またアル

コールの問題も懸念された。そのため，引き続き訪問を行い，場合によっては今後治療を促していく方向で支援計画が立てられた。

STEP1：災害がもたらす心理的影響を知る

　人にとって何かを失うこと，喪失する体験はストレスフルなことである。夏目・村田 (1993) は勤労者や大学生を対象にストレス度を調査したが，配偶者の死が最もストレス度の高い出来事であり，親族や近親者，友人の死が上位にあがっている (表7-5)。喪失体験とは身近な人の死だけを指すわけではない。その人が愛着をもっていたり，愛情を向けていたり，依存していた対象を失うことすべてを指す。失恋や別居，住み慣れた環境や地位・役割の喪失，子どもの自立なども含まれる。そう考えると，表 7-5 に示された出来事の多くは喪失体験と関係があるものばかりである。言うまでもなく，災害によって人はさまざまなものを喪失する。大切な人の命や存在，自宅や学校・会社，住み慣れた町，仕事や役割，健康な体，便利な生活。災害による喪失体験の特徴は，それが突然，それもいっぺんに失われることにある。桜井さんも言わずもがな，津波によって，突然，配偶者だけでなくさまざまな多くのものをいっぺんに失った。

STEP2：グリーフ・ワークを理解する

　人は人生のさまざまな局面で喪失体験を経験するのであるが，その喪失が予期されたものであるのか，あるいはまったく予期できずに突然に起こったものであるかによって，心の反応は大きく異なる。ある程度予期できる喪失に対しては，悲しみ (悲嘆 grief) は喪失を体験する前から始まる。もちろん予期できるからといってその悲しみが軽減されるわけではないが，予期できる場合は失うことへの心の準備ができ，その衝撃に耐えることができる (予期による喪)。一方で，突然生じた喪失にはこの準備性がないため，心への衝撃は大きく，その機能が一時的にストップしてしまう (矢永, 2016)。被災による喪失体験の多くは，この予期できず心の準備ができない喪失体験である。**グリーフ・ワーク**とは，悲嘆にくれ

表 7-5 勤労者と大学生のストレス点数のランキング （夏目・村田, 1993 を一部改変）

勤労者（1,630 人を対象に調査；男性 1,322 人，女性 308 人）

	ストレッサー	点数		ストレッサー	点数
1	配偶者の死	83	16	友人の死亡	59
2	会社の倒産	74	17	会社が吸収合併される	59
3	親族の死亡	73	18	収入の減少	58
4	離婚	72	19	人事異動	58
5	夫婦の別居	67	20	労働条件の大きな変化	55
6	会社を変わる	64	21	配属転換	54
7	自分の病気や怪我	62	22	同僚との人間関係	53
8	多忙による心身の疲労	62	23	法律的トラブル	52
9	300 万円以上の借金	61	24	300 万円以下の借金	51
10	仕事上のミス	61	25	上司とのトラブル	51
11	転職	61	26	抜擢に伴う配置転換	51
12	単身赴任	60	27	息子や娘が家を離れる	50
13	左遷	60	28	結婚	50
14	家族の健康や行動の大きな変化	59	29	性的問題・障害	49
15	会社の立て直し	59	30	夫婦げんか	48

大学生（国立大学生 1,900 人と私立短大生 424 人を対象に調査）

	ストレッサー	点数		ストレッサー	点数
1	配偶者の死	83	16	経済状態の大きな変化	60
2	近親者の死	80	17	友人関係の大きな変化	59
3	留年	78	18	卒業論文（研究）	59
4	親友の死	77	19	家族の健康や行動上の大きな変化	58
5	100 万円以上のローン	72	20	浪人	58
6	大学中退	71	21	単位取得と履修方法の問題	58
7	大きな怪我や病気	69	22	学内試験及びレポートの作成	58
8	離婚	68	23	将来の見通しの大きな変化	56
9	恋人（配偶者）との別離	68	24	先輩，後輩とのトラブル	56
10	自己または相手の妊娠	67	25	共通一次試験の成績	56
11	大学入試	65	26	結婚	53
12	婚約解消及び恋人関係の解消	64	27	恋人との喧嘩の回数の大きな変化	53
13	就職試験，就職先訪問	63	28	専攻分野の選択及び変更	53
14	不本意な入学	62	29	アルバイトの責任の大きな変化	52
15	100 万円以下のローン	61	30	自己概念及び自己認識の大きな変化	52

注）点数が高いほどストレス強度は強い。

る人々がたどる心のプロセスのことであり，悲しみから精神的に立ち直っていく道程のことである。Worden（2008）は，そのプロセスで 4 つの課題を乗り越えていく必要があるとしているが（表 7-6），被災者への心理的支援とは，このプロセスを共にし，支援することも含まれる。

　被災者のなかには，桜井さんのように目の前で家族を失った人もいれ

表 7-6 グリーフの 4 つの課題 (Worden, 2008 より作成)

1	**喪失の事実を受容する** ・その人が逝ってしまい，もう戻ってくることはないという事実に直面する ・葬儀などの伝統儀式は，多くの遺族を死の受容に導く手助けになる
2	**悲嘆の苦痛を経験する** ・悲嘆の苦痛を回避すると，悲哀を長引かせることもある
3	**亡くなった人のいない環境に適応する** ・日々の生活に順応する ・アイデンティティや生きがいの再構成を行う
4	**新たな人生を歩み始める途上において，故人との永続的なつながりを見いだすこと** ・心のなかに，亡くなった人を新たに適切に位置づける（そっとそばで見守ってくれている存在，心のなかでいつも一緒に生きていく思いなど） ・亡くなった人を苦痛なく思い出せるようになったとき，悲哀は完了したとみなせる

ば，家族との写真や縁あるものすべて，思い出ごと失った人もいる。目の前で家族を助けられなかった経験をした人は「もし，あのとき，あのようにしていれば助かったかもしれないのに」と強い後悔の念や自責感を抱く。また，多くの人が悲惨な目に遭ったにもかかわらず，生き残ったことに対して「自分だけは免れた」と罪悪感を抱くこともある（サバイバーズ・ギルト）。そして，行方不明のままご遺体が見つからず，亡くなったのかどうかすら確認できないまま，喪に服さなければならない人もいる。このような被災がもたらす喪失体験は，グリーフのプロセスを複雑化させ，人が十分に悲しみ，別れを受け入れることを困難にさせる（複雑性悲嘆）。

　被災者のなかには，喪失から長い時間が経過しても激しい苦しみや悲しみから逃れられない状態になる場合もあれば，桜井さんのように被災をきっかけとして抑うつ状態やうつ病，適応障害，アルコール多飲などの依存症の問題が生じてくる場合もあるため，支援者はグリーフ・ケアとともにそれにつながる精神疾患への治療も視野に入れて支援計画を立てる必要がある。

STEP3：被災者と支援者の立場を理解する

　被災者への心理的支援は，たとえば地元で活動していた心理職や保健師などが被災者の支援にあたる場合もあれば，山本さんのように外から派遣されて支援にあたる場合もある。前者は被災者であり支援者でもあ

る。後者は被災していない支援者である。

　心理的支援は，支援者がその状況や状態を経験・体験していないから
といって，必ずしも当事者への理解が損なわれたり，支援ができなかっ
たりするわけではない。不登校の子どもを，不登校を経験していないス
クール・カウンセラーが対応してうまくいくこともあれば，うつ病に罹
患したことがない心理職がうつ病の治療・支援を行うことは多々ある。
しかし，被災者のなかには，被災していない支援者に対して，自身の壮
絶な体験から「被災していないのにわかりっこない」「話したところで私
たちの気持ちはわからないと思う」という想いを抱く人もいる。また，
山本さんのように被災していない支援者は，壮絶な体験をした人を前
に，無力感を抱くこともある。

　一方で，被災した支援者は，被災を共に体験しているため，被災者の
気持ちがよくわかる立場にはあるが，共鳴しすぎてしまい，冷静な判断
やアセスメントが難しくなることもあるだろう。特に被災した支援者に
関して注意しなければならないのは，**バーンアウト**である。被災後，自
身が被災したことは脇に置いて職務を遂行しなければならない地元の医
療・福祉従事者をはじめとした支援者は，被災直後はその緊張感から事
態を乗り切ろうとするが，次第に心身が追いつかなくなってしまうこと
もある。事例では，地元の保健師が現場をコーディネートしているが，
その地元の保健師への心理的サポートも山本さんをはじめとした心のケ
アチームが担う必要があるだろう。これは被災していない支援者だから
できることである。

　このように支援者は，支援者側の被災体験の有無が，被災者との関係
性や被災者への心理的支援に影響を与える可能性があることを留意して
おくことが必要であろう。支援者は被災体験に関する自身の立場やそれ
に対する想い（逆転移）を気にとめて，被災者と向き合うことが求められ
る。

事　例

　高山さん（33歳，女性）は精神保健福祉センター（以下，センター）のソーシャルワーカーである。5か月前に東日本大震災が発生し，彼女のセンターが管轄する地域の6割が津波で浸水した。センターの職員の多くは被災していたが，「心のケアチーム（以下，ケアチーム）」とともに，被災後も地域の支援を行っており，高山さんは毎週交代で派遣されるケアチームのコーディネート役で，住民の電話相談やハイリスク者への継続支援などを行っていた。町は復興や生活再建の兆しがみえてきて，今後ケアチームの派遣も縮小・終了することが決まっていた。

　そのような時期に，公認心理師の徳田さんがケアチームとして高山さんのいるセンターに派遣された。ある日，徳田さんが電話相談の対応を行っていると，電話を切った高山さんが涙を流して席を立ち去っていった。徳田さんは気になって勤務終了後，高山さんに声をかけた。すると，堰を切ったよう泣きながら，相談内容が自分の体験と重なり耐えられなくなったこと，自分の母親の遺体が今も見つからずにいること，このところ眠れず食欲もないこと，町は復興しつつあるのに気持ちは落ち込み，心が追いついていないことなどを語った。徳田さんは高山さんの気持ちを丁寧に聞き，支援者も休養が必要であると伝えると「でも，今私がいなくなったらこの地域の精神福祉の役割はうまくいかなくなってしまう」と答えた。

考えてみよう！

　被災者であり支援者でもある高山さんはどのような心理状態にあるでしょうか。あなたが高山さんの立場になって考えてみましょう。

話し合ってみよう！

　事例では，復興の兆しもみえてきているなかで，こころのケアチームの派遣が終了することが決まっています。徳田さんは，高山さんのサポートについてケアチームのメンバーとどのようなことを共有し，どのような対応を行えばよいか，みんなで話し合ってみましょう。

ロールプレイをしてみよう！

　話し合いで見つけた対応策を踏まえて，公認心理師の徳田さんと高山さんが話し合っている事例の続きの場面を想定してロールプレイをしてみましょう。徳田さん役は，被災者であり支援者でもある高山さんの心情を想像しながら，どのように関われば高山さんの精神的なサポートになり支援を続けられるのか考えてみましょう。

子どもたちのメンタルヘルス

　ユニセフ（国連児童基金）によれば，世界の10代の子ども・若者の7人に1人以上が心の病の診断を受けているという（日本ユニセフ協会，2022）。世界21か国（低中所得国を含む）を対象にした調査では，若者の5人に1人がしばしば憂鬱な気分になったり，何かをする気が起きなくなったりすると回答している。また思春期の若者の自殺者数は年間4万5,800人と推定されており，この数字は，11分に1人以上の若者が世界のどこかで自殺をしていることになる。ユニセフの第7代事務局長ヘンリエッタ・フォア氏は，このような事実があるにもかかわらず，各国政府がその支援や治療に関わる資金を支出している割合が少なく，対応が不十分であると警鐘を鳴らしている。このように，近年では世界的にも子どものメンタルヘルスの問題が重要なトピックとなっているが，日本の子どもたちのメンタルヘルスは世界と比べてどうであろうか。

　先述の21か国を対象とした調査には日本も参加していた。憂鬱，無気力と回答した日本の若者の割合は21か国中最も少なく，10人に1人という結果であった。この報告からは日本の子どものメンタルヘルスは悪くないように捉えることもできる。

　ユニセフは別の調査で，先進国38か国を対象に「先進国の子どもの幸福度を形作るものは何か」という調査も行っている（日本ユニセフ協会，2021）。この調査では，幸福度を「精神的幸福度」「身体的健康」「スキル」の3領域から捉え，それぞれを2つの指標で評価している。精神的幸福度は「生活満足度」と「自殺率」，身体的健康は「子どもの死亡率」と「肥満率」，スキルは「学力」と「社会的スキル」である。日本の子どもの幸福度は総合すると38か国中20位という結果であったが，領域別にみると，「精神的幸福度」が37位，「身体的健康」が1位，「スキル」は27位であった。日本の子どもの死亡率はとても低く，これは効率的な医療・保健制度を有しているからであり，肥満率も他国に比べると断然低いということが，日本の子どもの「身体的健康」を高めている所以である。

　この調査で最も注目されるのが，日本の「精神的幸福度」の低さである。先の低中所得国を含めた21か国を対象とした調査では日本はまずまずの結果であったが，この調査のように，先進国のなかに入ると日本の「精神的幸福度」は残念ながら低い。日本は経済的には決して貧しい国ではないし，医療・保健体制も整っており，治安もよく，社会保障もそれなりに充実している。しかし，先進国のなかで日本は，生活に満足していると答えた子どもの割合（生活満足度）が最も低い国のひとつであり，また，自殺率も38か国の平均よりも高かったのである。

　少子高齢化が加速する日本においては，希少な子どもたちの幸福度を高めることは重要な課題である。子どもたちが日々の生活を送ることに充実した感覚を得て，自らの命を絶つような境地に至らないようにするためには何ができるのか。スクール・カウンセラーをはじめとして，小児医療領域や児童福祉領域など子どもと関わる心理職は意外と多いはずである。子どもたちの幸福度の問題について心理職は真剣に考えていかなければならないだろう。

公認心理師が，なぜ法律を学ぶのか？

法律・予算・仕事・キャリア形成について考える

　公認心理師は，心理学的な知識のみならず，関連する法律をなぜ学ばなければならないのであろうか。この問題については，すでに，現行の社会制度内での公認心理師を理解し，相談者の抱える問題解決手段を増やすためという指摘がなされているが，法律を学ぶ意義にはより広いものがある。本章では，法律を学ぶことが，公認心理師が専門職として生き抜くためのキャリア形成の一手段となることを示す。この点を具体的に理解するために，自殺対策基本法とその改正を事例とし，法律が予算化を通じて心理職の仕事になるまでの過程を説明する。法律は社会的な要請／ニーズの明確な形であり，その要請に応えていくことが公認心理師の待遇や収入を底上げしていくことにつながるはずである。これらの過程を理解するとともに，公認心理師を目指す者が自身の将来を見据え，そのキャリア形成について具体的に思い描く一助とすることも，本章の目的である。

1. 法律を学ぶ意義

(1) 法律を学ぶ意義に関する教科書的見解

　ここまで本書では，公認心理師の職務に関連する法律のなかでも，特に保健・医療分野における法律について解説を行ってきた。本書

は，公認心理師の養成課程における「関係行政論」という科目の教科書として使用することを念頭に執筆がなされているが，それではなぜ，公認心理師の養成過程で私たちは「関係行政論」という科目を学ぶ必要が，ひいては，公認心理師の業務に関連する法律について学ぶ必要があるのだろうか？

　この点について，下山（2021）は，主に２つの意味を提示している。第１に，「関係行政論」という科目名称からも明らかなように，この科目内で関連法規を学ぶことを通じて，行政の枠組みの内側で適切に機能するために，自らの役割を自覚するという意味がある。たとえば，公認心理師法第 42 条第 2 項の「公認心理師は，その業務を行うに当たって心理に関する支援を要する者に当該支援に係る主治の医師があるときは，その指示を受けなければならない」といった条文を理解することは，その最たる例である。また，行政の設定した枠組みのなかで活動／連携する際には，ほかの専門職との相互理解が必要になるが，連携する他職種の活動の前提となっている法律について知っていれば，適切に連携することが可能になるだろう。さらに，法律の知識が連携の仕方に影響を与える具体例をあげると，たとえば，精神科の入院病棟で患者の検査や心理療法といった業務を行っている最中に「今すぐ退院したい」と言われた場合，どのように対応すべきかは入院制度の差異に関する知識がなくては判断できないだろう。任意入院（精神保健福祉法第 20 条）であれば原則退院させる必要があるので急いで主治医と情報共有をすべきであろうが，措置入院（同法 29 条）であれば入院の継続は患者の意思に関わるものではないため，情報共有の緊急性は下がるといった判断ができる。もちろん，情報は共有すべきであるが，この判断ができるのは，法に関する知識があればこそである。以上のように，現行の社会制度内での公認心理師の役割を自覚し，適切に連携を行うためには，法律に関する知識が必要となってくる。

　第２に，相談の実践者として，相談者の抱える問題を解決するための手段として法律を学ぶ必要がある。心理職は当然のことながら，心理学に基づき，心理的要因を重視しながら，相談者の問題の解決にあたる。しかしながら，相談者の抱える心理的問題の背景には社会的な

要因も（もちろん，生物学的な要因も）関係しており，社会的要因から問題の攻略に取りかかったほうが早いという場合もあるだろう。たとえば，経済的困窮が相談者の焦燥感を引き起こす要因の一部となっているときに，各種経済支援に関わる制度についての知識があれば，そこからアプローチすることも可能になるかもしれない。心理職が「心理」を扱う専門職であるとしても，相談者の状態は生物・心理・社会といったより広範な視点から見立てる必要があり，その見立てに従って介入方法を考えるにしても，使える手は多いほうがよいことは言うまでもない。法律を学ぶことは，より広い視点から相談者を支援し，問題を解決していくことにつながるため，公認心理師カリキュラムにおいては，学部段階で「関係行政論」という科目を置いているのである。

（2）本章の目的

　前項の下山（2021）の回答は至極真っ当なものであり，公認心理師養成のための学部生向け教科書としては，適切で過不足のない回答だと思われる。一方で，現在学部や大学院で心理学を学び，将来，公認心理師という専門職を生業として今後数十年にわたって生活をしていかなければならない生活者に対して人生を生き抜くための知識を伝えるという視点からみると，やや心もとないものに筆者には映る。なぜならば，法律を学ぶことの意義は，より広い観点から論じることができるからである。そこで本章では，下山（2021）の教科書的な答えに加え，第三の意味について具体的に論じたい。

（3）生活者としての公認心理師

　「公認心理師という専門職を生業として今後数十年にわたって生活をしていかなければならない生活者に対して人生を生き抜くための知識を伝える」と書いたが，このような事項は通常の，公認心理師の法定科目の教科書には出てこない。公認心理師養成課程の第一の目的は資格保有者の養成であり，その後の人生のあり方を教えることではないからである。しかしながら，資格の保有は，心理職としての人生の

スタート地点につくことにすぎず，その後の人生は長く険しい。資格の取得は，その後のバラ色の人生を保証してくれるものではない。資格をとろうと意気込んでいる学部生に冷や水を浴びせることにもなりかねないものの，その後の人生に思いを馳せることも重要であり，そのことを真剣に考える場を提供する必要があるだろう（本章では，そのようなことを試みているつもりである）。

　なぜこのようなことを書くのかというと，それは単に公認心理師の置かれた状況が生易しいものではないと筆者が肌で感じているからである。日本公認心理師協会が2021年3月に取りまとめた「公認心理師の活動状況等に関する調査」（日本公認心理師協会，2021）によると，公認心理師のうち常勤勤務者の割合は約55％であり，年収は「300万円以上400万円未満」の割合が最も高かった。非常勤のみに限ると，「200万円以上300万円未満」の者が最も多い。もちろん，労働する分野によって平均年収は大きく異なり，公務員として勤務する者の多い司法・犯罪分野では常勤者が多く，「500万円以上600万円未満」の者の割合が最も多くなる。実務経験の年数別にみると，10年未満の者は「300万円以上400万円未満」の割合が最も高い。つまり，キャリア形成の初期の収入はこの程度ということになる。ただし，資格取得は早くとも24歳であり，その10年後は34歳である。34歳という概ね結婚適齢期を超えていると考えられる年齢においての年収が「300万円以上400万円未満」である。本章の読者である皆さんの理想の人生／幸福な人生計画に照らし合わせて，これらの数字はどのようにみえるだろうか。

　筆者の率直な感想をいえば，この数字だけでは幸せな人生を送るための原資としてはやや心もとないといわざるを得ない。収入と幸福感の間には一定レベルの収入までは正の相関があり，概ね世帯年収800万前後までは年収が上がるに従って幸福感は上昇していく◆1。「300万円以上400万円未満」で幸せになれないと言うつもりはないが，「心もとない」とはこのような研究知見に基づく意見である。

◆1　幸福研究については，『自殺学入門』（末木，2021）の第10章「幸福な人生」を参照のこと。

では，どうすればよいというのだろうか。その答えのひとつが法律
や社会制度の理解にあると筆者は考えている。それでは，本論に入っ
ていきたい。

2. 法律を学ぶ意義に関する第三の視点

(1) 法律とは何か？

　「法律を学ぶ意義」に関する第三の答えを提示する前に，そもそも
法律とは何かということについて簡単に論じておこう。法学者でもな
い一介の心理学者が「法律とは何か？」という大それた問いに回答す
るのも気がひけるが，一言で言うならば，法律とは，誰かに，何かを
すること（あるいはしないこと）を求めることを通じて，この国のあるべき
姿について論じたものである。第6章でも取り上げた自殺対策基本法
を例にあげると，以下のようになる。

> 第3条　国は，前条の基本理念（次項において「基本理念」という。）に
> のっとり，自殺対策を総合的に策定し，及び実施する責務を有する。
> 2　地方公共団体は，基本理念にのっとり，自殺対策について，国と協力
> しつつ，当該地域の状況に応じた施策を策定し，及び実施する責務を有
> する。
> 3　国は，地方公共団体に対し，前項の責務が十分に果たされるように必
> 要な助言その他の援助を行うものとする。　　　　　　（自殺対策基本法　第3条）

　この条文を読めば，国にも地方公共団体にも，自殺対策を策定し，
実施する義務があることがわかる。このような形で，法律は，誰かに
対して何かをすること（あるいは，しないこと）を求めている。
　ちなみに，何かをすることを求めると書いたが，それは禁止や義務
ではなく，努力義務の場合もある。たとえば，自殺対策基本法には以
下のような条文も存在する。

> 国民は，生きることの包括的な支援としての自殺対策の重要性に関する理
> 解と関心を深めるよう努めるものとする。（自殺対策基本法　第5条）

この条文は，国民に対して，自殺対策の重要性に関する理解と関心を深めることに努めるよう求めている。「深めるものとする」ではなく，「深めるよう努めるものとする」と書かれているため，こちらについては，第3条とは異なり，努力義務だと読み取ることができる。

(2) 法律の裏にあるもの

前述のように，法律とは，誰かに対して何かをすることやしないことを求めることを通じて，この国のあるべき姿を論じたものであった。しかしながら，ただ論じるだけでは意味がなく，そのあるべき姿は実行に移されなければならない。たとえば，自殺対策基本法第3条第2項は，地方公共団体に対して，自殺対策を策定し，実施することを義務づけている。しかし，自殺対策を実施する義務があると定めただけでそれが実現することはない。義務や禁止は，明文化されればそれが実行に移されるわけではなく，それらの義務や禁止を実現するためには「人・もの・金」が必要である。たとえば，わかりやすい例でいうならば，国民に対して各種の犯罪行為を禁止するために警察には大量の「人・もの・金」が投入されている。

そして，こうした裏付けについても，法律を読めば知ることができる。自殺対策基本法第13条および14条には，以下のような条文が存在する。

第13条　都道府県は，自殺総合対策大綱及び地域の実情を勘案して，当該都道府県の区域内における自殺対策についての計画（次項及び次条において「都道府県自殺対策計画」という。）を定めるものとする。

2　市町村は，自殺総合対策大綱及び都道府県自殺対策計画並びに地域の実情を勘案して，当該市町村の区域内における自殺対策についての計画（次条において「市町村自殺対策計画」という。）を定めるものとする。

第14条　国は，都道府県自殺対策計画又は市町村自殺対策計画に基づいて当該地域の状況に応じた自殺対策のために必要な事業，その総合的かつ効果的な取組等を実施する都道府県又は市町村に対し，当該事業等の実施に要する経費に充てるため，推進される自殺対策の内容その他の事項を勘案して，厚生労働省令で定めるところにより，予算の範囲内で，交付金を交付することができる。

（自殺対策基本法　第13条・第14条）

自殺対策基本法第3条第2項は，地方公共団体に対して，自殺対策を策定し，実施することを義務づけているが，第13条を読めば，ここでいう地方公共団体が都道府県または市町村であることがわかる。そのため，第14条では，都道府県および市町村に対して，自殺対策の実行に必要な予算を配分することが定められている。法律で定めた理想を実現するための予算措置である。

　ちなみに，この「都道府県及び市町村に対する交付金の交付」という条項は，自殺対策基本法が最初に制定・施行された2006年の段階では存在しておらず，2016年の自殺対策基本法の一部改正の際に追加されたものである◆2。この法改正に対応して，2016年度当初予算（厚生労働省）で自殺対策の予算約25億円が確保され，その後も予算額は約30〜40億円に増加されている。

(3) 法律の描く理想が実現するまで

　法律が描く理想を実現するための予算措置が，具体的な政策として実行されるまでにはなおいくつかの過程が必要となる。上述の予算をもとに，地方公共団体では，地域自殺対策強化事業が実施される。この事業の目的は，地域の実情に応じた実践的な取り組みを行う自治体や民間団体などの活動を支援することにより，地域の自殺対策を推進するとともに，自殺総合対策推進センター◆3によるエビデンスに基づく自殺対策政策の展開を図ることとなっている。事業内容は，自殺総合対策大綱を踏まえ，地方の自主財源とも組み合わせつつ，地域の実情に応じた実践的な取り組みを行う自治体や民間団体などを支援す

◆2　それ以前には，自殺対策を目的とした継続的な予算措置は存在していなかった。たとえば，2009年度第一次補正予算の（※麻生政権≒民主党への政権交代直前の自民党政権末期≒選挙対策を強化していた）ときに成立した地域自殺対策緊急強化基金などが，地方公共団体の自殺対策の財源となっていた。この基金は，当初，2009〜2011年度まで使用可能で約100億円の予算が組まれた（全都道府県対象，補助率は10／10で地方負担なし）。この基金はその後，段階的に予算が積み増しされ，最終的には2013年度末まで実施期限が延長された。

◆3　2022年からは，いのち支える自殺対策センターが国の自殺対策の中核的機能を果たしている。

ることが中心である。具体的な事業メニューおよび補助率は以下の通りである。

○対面相談事業 (1／2)
○電話相談事業 (1／2)
○人材養成事業 (1／2)
○普及啓発事業 (1／2)
○自死遺族支援機能構築事業 (1／2)
○計画策定実態調査事業 (2／3)
○若年層対策事業 (2／3)
○深夜電話相談強化事業 (2／3)
○自殺未遂者支援事業 (2／3)
○自殺未遂者支援・連携体制構築事業 (10／10)
○災害時自殺対策事業 (10／10)
○ハイリスク地対策事業 (10／10)
○地域特性重点特化事業 (10／10)
※（ ）内は交付率

たとえば，地方自治体が自殺対策のための電話相談事業を行おうと思った場合，国から必要な予算の1／2が補助されるということになり，そこに上述の予算があてられているということになる（逆にいえば，残りの部分は地方自治体の独自予算／持ち出しということになる）。こうした補助をもとに，自殺対策基本法第3条に定められた義務を地方自治体は果たしていくことになる。

よりイメージを具体的にもつため，東京都の実施した地域自殺対策強化補助事業（2019年度）の募集要項をみていきたい。

目的：自殺対策基本法において，民間団体の活動に対する支援が国及び地方公共団体の責務として位置づけられていることを踏まえ，国において平成27年2月に創設された地域自殺対策強化交付金を活用し，自殺対策に取り組む民間団体に支援を行うことにより，地域における自殺対策の強化を図ること。

対象者の詳細：本事業の実施主体は，次の要件をすべて満たす団体とする。（1）自殺対策に取り組む民間団体であること。（2）原則として，公益法人，社会福祉法人，特定非営利活動法人等の法人格を有すること。（3）東京都

内に活動拠点を有していること。

支援規模：1団体につき5百万円以内。

事業内容：次の（ア）から（オ）までの要件を全て満たす事業であること。
（ア）地域における自殺対策の強化に資する取組であること。
（イ）創意工夫や熱意をもって行われ，効果的な取組であること。
（ウ）営利を目的としない事業であること。
（エ）都内で行われる活動であること。
（オ）交付要綱に定める事業のいずれかに該当すること。

※事業：①対面相談事業，②電話相談事業，③人材養成事業，④普及啓発事業，⑤自死遺族支援機能構築事業，⑥計画策定実態調査事業，⑦若年層対策事業，⑧SNS相談事業，⑨深夜電話相談強化事業，⑩自殺未遂者支援事業

　これをみれば，たとえば，東京都にあるNPOなどの法人が，電話相談事業などを500万円以内の予算で請け負って実施したということがわかる。法律の描く理想のために予算が組まれ，それが実行に移されたことになる。

（4）法律，予算，そして公認心理師の仕事
　法律によって義務や禁止が定められたときには，それを実現するための予算が必然的に組まれることになる。予算もないのに，人を動かしたり，ものを調達することは不可能だからである。そして，法律の下に予算が組まれたところには，法律の描く理想を実現するための仕事をつくる余地が生まれる。法律を学び，その動向を確認し，予算（やお金の流れ）を理解することで，法の理想を実現するための仕事を創出し，専門職として働くことができるようになる。下山（2021）の指摘する2つの意義に加えるべき第三の視点とは，この点である。つまり，法律を学ぶ（もっといえば，法律が描く理想が具現化する過程を学ぶ）ことは，専門職としての仕事を創出するために，専門職として生きていくために必要なのである。
　すでにみたように，自殺対策基本法という新しい法律が2006年に

できたことによって，自殺対策を実施するという仕事が生まれた（それ以前には，そんな専門的な仕事は存在しなかったと言ってよい）。そして，その一部は心理職が担っている。仮に，法律の制定時にその後の展開が読めていた人がいたとすれば，その人は大きな仕事を請け負うことができていた／いるだろう。そして，これは何も，自殺対策基本法だけに限った話でも，保健・医療分野に限った話でもなく，あらゆる領域に関わる話である[4]。社会人として，専門職として仕事を続けていくためには，自分のやりたいことと，社会の要請を睨みながら，それらに折り合いをつけていく必要がある。すでに社会的に認知された仕事をみると（例：スクールカウンセラー），それは当たり前のものとしてそこにあるように私たちは考えてしまう。しかし，仕事は天から降ってくるものではなく，社会の要請（立法はその一部である）に応えて私たち自身がつくっていくものだということである。

そして，こうした法律やその法律に基づく公的資金の流れを理解することは，とりわけ心理職にとっては重要なことである。なぜならば，心理職に対して直接的に支払いをしてくれる対象は，相談者そのものか，公的な組織だからである。たとえば，スクールカウンセラーや大学の学生相談のような身近な存在を思い浮かべても，これらの職に就くものが，必ずしも直接的に相談者から料金をもらっているわけではなく，その給与の原資が多かれ少なかれ公的なもの（税金）であることは，容易に理解できるであろう[5]。さらに踏み込んでいえば，（心理的）困難に直面している相談者と，そうした相談者を支援するために活動する公的な組織のどちらが，心理職の提供するサービスに対し

---

[4] たとえば，LITALICO，エスプール，ココルポートといった上場企業がいかにして売り上げをあげているのかという点と，障害者基本法（福祉分野），障害者雇用促進法（産業・労働分野），障害者総合支援法の関係などを調べ，考えてみるとよいだろう（各企業の仕事の詳細については，ホームページを読むだけではなく，決算報告書を読むことを推奨する）。

[5] 公立学校のスクールカウンセラーを雇用しているのは，各学校を管轄する教育委員会であり，その原資は当然のことながら税金である。また，大学は学生から納付される学費によって賄われており，その割合は大学によってさまざまであるが，程度の差はあれ公的資金も投入されている。

て喜んで支払いをするだろうか◆6。この金額の規模から考えて，後者が重要なことは言うまでもないことである。こうした点に想像力を働かせれば，法律を学ぶことが，適切に支援活動に従事し，問題解決能力を高めるというだけではなく，そのような能力を発揮し続けるための「場の創出」に役立つはずだということが理解できるであろう。

3. 事例──自殺対策基本法が私たちの「仕事」になるまで

　それでは，法律が私たちのあるべき姿を描き，そこに予算がついて現実の（私たちの）仕事になる様子についてより具体的なイメージをもつために，筆者の関わりのあるNPO法人の成長の様子を紹介したい。

　ここで紹介するのは，2014年に設立されたNPO法人OVAの事例である。OVAは精神保健福祉士である伊藤次郎氏が設立したNPOであり◆7，自殺リスクが高い人々への直接的・間接的な支援，自殺予防の啓発，支援ネットワークの構築，社会に対する提言など，自殺予防に関する取り組みを行うことを法人のミッションとしている。OVAは自殺予防に関するあらゆる取り組みを行っているが，その事業の中心はインターネット・ゲートキーパー事業である。

　インターネット・ゲートキーパー事業とは，自殺方法などの自殺関連語がウェブ検索された結果画面に対して，無料でメール相談を受け付ける旨の広告を出し，相談を受けてアセスメントを行い，問題の解決および，より適切な支援を対面で受けることができるように相談者をつないでいく活動である◆8。自殺関連語，そのなかでも特に自殺方法に関する言葉をウェブ検索するインターネット利用者は，自殺のリスクが高い者であることが明らかになっている。そのため，これらの

◆6　自殺の場合，自殺の危険因子を有する人ほど，自身の自殺死亡リスクを低減するための金銭的支払いを望まなくなることが研究によって明らかにされている。詳細については，『自殺対策の新しい形』（末木，2020）の第3部を参照のこと。
◆7　筆者は法人設立前の2013年より，伊藤氏と親交がある。
◆8　詳細については，『自殺対策の新しい形』（末木，2020）の第2部を参照のこと。

用語に対して広告を打つことによって，自殺のハイリスク者に対して選択的に援助要請行動を起こすよう働きかけることが可能になる。この活動は，従来のメディアを活用した相談事業に比して，自殺ハイリスク者に選択的に働きかけることを可能にしているという点で資金効率に優れた活動であり，近年，国内で広がりをみせている。相談者からのメール相談に応じる相談員は，主に，公認心理師・臨床心理士・精神保健福祉士といった資格を有する専門職である。

表1は，2014年に設立されたNPO法人OVAの総事業費（≒売り上げ）および事業内で受け付けた相談者の数の推移を示したものである。2021年度の総事業費は約1億円であり，多くは地方自治体から委託を受けたものである。法人が設立されてまもない2014～2016年度の総事業費は100～200万円程度であり，これではこの事業を仕事にして，一人の人間が食べていくことは不可能な水準である（事業費のなかには事業の実施に関わる人件費も含まれている）。2017年度にはこれが一挙に2000万円程度まで増加し，それ以降，毎年1.5倍のペースで事業費が増加している。相談を受け付けた人数も，事業費の増加ペースと対をなして増加している。

この表からも明らかなように，法律に基づく定常的な予算措置の効果は絶大なものである（すでに述べたように，2016年の自殺対策基本法の一部改正以降，毎年，自殺対策のための費用が予算化されるようになった）。自殺対策の場合，毎年30億円前後の予算が組まれ，それが各種自治体を通じて自殺対策

表1　NPO法人OVAの事業費および相談者数の推移

	総事業費 （千円）	前年度比 （%）	相談者数 （人）	前年度比 （%）	備考
2021年度	97,770	149	1516	165	
2020年度	65,609	153	918	230	
2019年度	42,794	143	399	141	
2018年度	29,915	154	283	207	
2017年度	19,443	1092	137	415	
2016年度	1,780	356	33	－	自殺対策基本法改正
2015年度	500	46	－	－	
2014年度	1,098	－	－	－	団体認証（7月18日）

資料）特定非営利活動法人OVAの事業報告書（https://ova-japan.org/?page_id=1974）より作成

の実施に振り向けられる。各地方自治体の持ち出し比率にもよるが，日本全体の総予算額が 30 億円を下ることはもちろんない。予算の使い道のなかには，公認心理師が関わる余地のまったくないものも含まれてはいるであろうが，その割合が高いとは想像しがたい。

　本章では，筆者の専門性の都合上，自殺対策基本法を例にしたが，ここまで説明した事項は，何もこの法律のみに適用される話ではない。保健・医療分野の法律だけの話でもなく，関係行政論のなかで扱われる多くの法律について，同じことがいえるのである（もちろん，法律によって予算規模は大幅に異なるが）。こうした立法に基づく社会的要請と自身の支援活動に関する興味関心を擦り合わせることができれば，自身の専門性を生かした仕事を自らの手でつくり出していくこともできるだろう。

4.　おわりに──改めて，私たちはどう生きていくべきか？

　ここまで，関連法規に関する知識がいかにして私たちの生活や収入を守り得るかということについて，自殺対策を例に具体的に説明を行ってきた。最後に，もう一度，冒頭にも示した「公認心理師の活動状況等に関する調査」に戻り，公認心理師（を目指す者）が，何を考えて自身のキャリアを構築していくべきかという点をまとめておきたい。

　図 1 は，公認心理師の業務を分類した図である。この報告書は，公認心理師の業務を大きく基本業務と展開業務に分類している。基本業務とは，心理的アセスメントやカウンセリングなどを含む心理支援，関係者への支援や心の健康教育といったものであり，ほとんどの公認心理師が関わる仕事である。多くの公認心理師志望者がイメージする仕事も，これらのものであろう。一方，展開業務とは，教育や研究，組織内での研修や心理教育，組織のマネジメントといった業務であり，こうした仕事に就くことをイメージして心理職になろうと考える者は少ないだろう。しかしながら，本報告書でも提示されているように，給与や待遇のことを考えるのであれば，いわゆる個人心理療法の

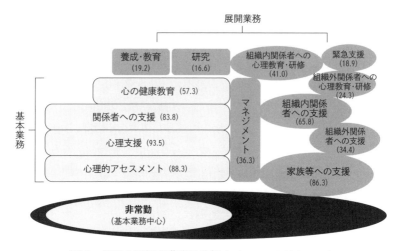

図1　公認心理師の職務の分類（日本公認心理師協会, 2021）
注）（　）内の数字は，当該業務に関わる公認心理師の割合

実施を中心とした基本業務よりも展開業務のほうがよいといわざるを得ない。非常勤の仕事が基本業務中心に構成される一方，常勤の仕事は展開業務の比重が増える。展開業務に関わることと給与水準の向上とは，関連している。

　その理由は複数考えられるが，主要な理由は，基本業務の内容が労働集約型産業の典型であり，一人あたりの生産力が低いからだろう。1対1の面接で，60分のカウンセリングを行う場合，当然のことながら，カウンセラーの時給は，そのカウンセリングの対価として支払われる金額より低く押さえられる。仮に，60分5000円の料金設定だった場合，売り上げは5000円である。1日平均5件のカウンセリングを行えたとして（1日8時間労働だとしても，すべての時間にカウンセリングを行うことはできない），1日の売り上げは2.5万円となる。年間の営業日数が250日とすると，年間の総売り上げが625万円となり，そこから諸経費（例：カウンセリングルームの家賃，広告費）を引いた金額が利益となる。果たして，あなたはどんな面接であれば60分5000円を出して満足し，問題解決に至るまで顧客としてリピートするだろうか。こうした点に思いを馳せれば，なぜ基本業務のみに従事する者の給与が低くなるのか

は容易に理解できるだろう。

　一方で，少なくとも展開業務に含まれる仕事は，こうした問題点を含まないか，問題の程度が相対的に軽い。ゆえに，待遇や給与はよくなるといえる。近年発展のみられる企業による心理サービスのほとんどは，心理教育系のコンテンツの提供であるが，これは，基本業務ではなく，展開業務の内容を機械化／自動化して，知識・資本集約型の産業構造に近づけたものとみなすことができる。基本業務のスキルは重要ではあるものの，それだけを磨き続ければ給与や待遇において報われるわけではない。残念ながらこの世界はそのようにできていないのである。

　まだ公認心理師の基本業務の「き」の字も身についていない者にこのような話をするのは随分と気が早いことかもしれない。しかし，事実は事実である。基本業務ができるだけでは十分に稼いでいくことはできないのである。だからこそ，私たちは，すでにある（他者によって切り出されてこの世にすでに存在する）仕事に従事することを目指すのではなく，社会の要請に答え，心理学的な知識を用いて人々の生活をよりよいものにしていくために，新しい仕事を創造していかなければならない。こうした視点で本科目を見直すことができれば，法律を学ぶことの新しい意義に気づくことができるはずである◆9。

　あなたは，自身のキャリアをどのようにしていきたいだろうか。そして，自身の生活を，どのようなものにしていきたいだろうか。

◆9　社会の要請に応え，心理学的な知識を用いて人々の生活をよりよいものにしていくために，新しい仕事を創造していく力を涵養するための方法は，法律について学ぶことのみではない。より典型的なものとしては研究をするというものがある。卒業論文や修士論文の執筆は，このような意味でも重要である。そして，何より，研究は展開業務の一部に含まれる事項である。

文　献

序　章

浜銀総合研究所（2023）．公認心理師の多様な活躍につながる人材育成の在り方に資する調査　厚生労働省令和4年度障害者総合福祉推進事業成果物　Retrieved from https://www.yokohama-ri.co.jp/shogai_bunya2022/pdf/hokoku.pdf（2023年8月9日閲覧）

人事院（2023）．義務違反防止ハンドブック―服務規律の保持のために―　Retrieved from https://www.jinji.go.jp/fukumu_choukai/handbook.pdf（2023年7月24日閲覧）

日本公認心理師協会（2021）．公認心理師の活動状況等に関する調査　厚生労働省令和2年度障害者総合福祉推進事業　Retrieved from https://www.mhlw.go.jp/content/12200000/000798636.pdf（2023年8月9日閲覧）

心理研修センター（2023）．公認心理師の都道府県別登録者数　2022年度　Retrieved from https://www.jccpp.or.jp/download/pdf/number_of_registered.pdf（2023年10月11日閲覧）

第1章

Beauchamp, T. L., & Childress, J. F.（2001）. *Principles of biomedical ethics*（5th ed）. Oxford University Press.（ビーチャム，T. L.，チルドレス，J. F.（著）立木教夫・足立智孝（監訳）（2009）．生命医学倫理（第5版）　麗澤大学出版会）

細田満和子（2003）．「チーム医療」の理念と現実―看護に生かす医療社会学からのアプローチ―（p. 149）　日本看護協会出版会

飯田修平・飯塚悦功・棟近雅彦（監）（2005）．医療の質用語事典（p. 154）　日本企画協会

Jonsen, A. R., Siegler, M., & Winslade, W. J.（2002）. *Clinical ethics: A practical approach to ethical decisions in clinical medicine*（5th ed）. McGraw-Hill.（ジョンセン，A. R.，シーグラー，M.，ウィンスレード，W. J.（著）赤林　朗・蔵田伸雄・児玉　聡（監訳）（2006）．臨床倫理学（第5版）―臨床医学における倫理的決定のための実践的なアプローチ―　新興医学出版社）

Katzenbach, J. R., & Smith, D. K.（1993）. *The wisdom of teams: Creating the high-performance organization*（p. 45）. Harvard Business School Press.（カッツェンバック，J. R.，スミス，D. K.（著）横山禎徳・吉良直人（訳）（1994）．「高業績チーム」の知恵―企業を革新する自己実現型組織―（p.55）　ダイヤモンド社）

厚生労働省（2010）．チーム医療の推進について（チーム医療の推進に関する検討会報告書）　Retrieved from https://www.mhlw.go.jp/shingi/2010/03/dl/s0319-9a.pdf（2023年8月9日閲覧）

厚生労働省（2022a）．地域で安心して暮らせる精神保健医療福祉体制の実現に向けた検討会　第13回　参考資料1　Retrieved from https://www.mhlw.go.jp/content/12200000/000940708.pdf（2023年5月1日閲覧）

厚生労働省（2022b）．令和2（2020）年医療施設（静態・動態）調査（確定数）・病院報告の概況　Retrieved from https://www.mhlw.go.jp/toukei/saikin/hw/iryosd/20/dl/09gaikyo02.pdf（2023年10月11日閲覧）

厚生労働省（2023）．令和4（2022）年医療施設（動態）調査・病院報告の概況　Retrieved from https://www.mhlw.go.jp/toukei/saikin/hw/iryosd/22/（2023年10月11日閲覧）

日本医療安全調査機構（医療事故調査・支援センター）（2022）．医療事故調査制度について　Retrieved from https://www.medsafe.or.jp/modules/about/index.php?content_id=24（2023年5月1日閲覧）

日本医師会（2018）．「医師の基本的責務」A-12. 医の国際倫理綱領　医の倫理の基礎知識2018年版　Retrieved from https://www.med.or.jp/doctor/rinri/i_rinri/a12.html（2023年5月1日閲覧）

日本公認心理師協会（2021）．公認心理師の活動状況等に関する調査　厚生労働省令和2年度

障害者総合福祉推進事業　Retrieved from https://www.jacpp.or.jp/document/pdf/01-prefacesummaryFY2020_mhlw_shogaifukushi_research_final.pdf（2023 年 5 月 1 日閲覧）
日本心理研修センター（監）（2018）．公認心理師現任者講習会テキスト 2018 年版　金剛出版
World Health Organization（1969）．WHO Expert Committee on Medical Rehabilitation: Second Report. World Health Organization Technical Report series No. 419.　Retrieved from https://iris.who.int/handle/10665/40738?locale-attribute=en&（2023 年 10 月 11 日閲覧）

第 2 章

今村扶美（2019）．薬物依存症の心理的問題と支援　HIV/エイズを通して考える心理臨床（3）―薬物使用・依存―　日本心理臨床学会第 38 回大会自主シンポジウム
Khantzian, E. J., & Albanese, M. J.（2008）. *Understanding addiction as self-medication: Finding hope behind the pain*. Ranham: Rowman & Littlefield Publishers.（カンツィアン, E. J., アルバニーズ, M. J.（著）松本俊彦（訳）（2013）．人はなぜ依存症になるのか―自己治療としてのアディクション―　星和書店）
厚生労働省（1996）．精神保健福祉センター運営要領について（2013 年 4 月 26 日一部改正）Retrieved from https://www.mhlw.go.jp/web/t_doc?dataId=00ta4628&dataType=1&pageNo=1（2023 年 10 月 11 日閲覧）
厚生労働省社会・援護局・障害保健福祉部精神・障害保健課（2020）．精神保健福祉業務に関する調査―第 3 回精神障害にも対応した地域包括ケアシステムの構築に係る検討会資料より―　Retrieved from https://www.mhlw-houkatsucare-ikou.jp/data/skillup2020refx.pdf（2023 年 7 月 24 日閲覧）
松本俊彦・伊藤　翼・高野　歩・谷渕由布子・船田大輔・立森久照（2017）．全国の精神科医療施設における薬物関連精神疾患の実態調査　平成 28 年度厚生労働科学研究費補助金（医薬品・医療機器等レギュラトリーサイエンス政策研究事業）分担研究報告書　Retrieved from https://www.ncnp.go.jp/nimh/yakubutsu/report/pdf/J_NMHS_2016.pdf（2023 年 8 月 10 日閲覧）
文部科学省（2014）．学校における子供の心のケア―サインを見逃さないために―　Retrieved from https://www.mext.go.jp/a_menu/kenko/hoken/__icsFiles/afieldfile/2014/05/23/1347830_01.pdf（2023 年 9 月 9 日閲覧）
野口正行（2020）．精神保健福祉センターの現状と課題　第 3 回精神障害にも対応した地域包括ケアシステムの構築に係る検討会資料　Retrieved from https://www.mhlw.go.jp/content/12200000/000654241.pdf（2023 年 7 月 24 日閲覧）
野口正行（2022）．精神障害にも対応した地域包括ケアシステム構築に関する研究　藤井千代（研究代表）地域精神保健医療福祉体制の機能強化を推進する政策研究（19GC2003）（pp. 7-107）国立研究開発法人国立精神・神経医療研究センター精神保健研究所　Retrieved from https://mhlw-grants.niph.go.jp/system/files/download_pdf/2021/202118007A.pdf（2023 年 7 月 24 日閲覧）
東京都立精神保健福祉センター（2022）．事業概要令和 4 年版　Retrieved from https://www.fukushi.metro.tokyo.lg.jp/sitaya/1jigyougaiyou.files/04jigyougaiyou.pdf（2023 年 7 月 24 日閲覧）

第 3 章

Hogarty, G. E., Anderson, C. M., Reiss, D. J., Kornblith, S. J., Greenwald, D. P., Ulrich, R. F., & Carter, M.（1991）. Family psychoeducation, social skills training, and maintenance chemotherapy in the aftercare treatment of schizophrenia. II. Two-year effects of a controlled study on relapse and adjustment. Environmental-Personal Indicators in the Course of Schizophrenia（EPICS）Research Group. *Archives Of General Psychiatry*, *48*(4), 340-347.
医療経済研究機構（2016）．過量服薬入院患者における原因薬剤と臨床経過に関する研究について　Retrieved from https://www.ihep.jp/wp-content/uploads/current/newly/778/20160831_press.pdf（2023 年 9 月 27 日閲覧）

上島国利（監）（2022）．統合失調症 ABC　すまいるナビゲーターブックレットシリーズ No. 1　大塚製薬株式会社　Retrieved from https://www.smilenavigator.jp/tougou/information/download/pdf/pdf_01.pdf（2023 年 4 月 22 日閲覧）

木村　定（1989）．精神療法入門―症例中心―　金剛出版

国立精神・神経医療研究センター・精神保健研究所（2019）．訪問支援で使える統合失調症情報提供ガイド（家族心理教育編）　Retrieved from https://www.ncnp.go.jp/nimh/chiiki/documents/kazokushinrikyoikuhen.pdf（2023 年 4 月 22 日閲覧）

厚生労働省（2010）．自殺・うつ病等対策プロジェクトチーム　過量服薬への取組―薬物治療のみに頼らない診療体制の構築に向けて―　Retrieved from https://www.mhlw.go.jp/bunya/shougaihoken/jisatsu/dl/torimatome_5.pdf（2023 年 9 月 27 日閲覧）

厚生労働省（2022a）．地域で安心して暮らせる精神保健医療福祉体制の実現に向けた検討会　第 8 回資料 2　Retrieved from https://www.mhlw.go.jp/content/12200000/000922056.pdf（2023 年 7 月 24 日閲覧）

厚生労働省（2022b）．地域で安心して暮らせる精神保健医療福祉体制の実現に向けた検討会　第 13 回参考資料 1　Retrieved from https://www.mhlw.go.jp/content/12200000/000940708.pdf（2023 年 7 月 24 日閲覧）

日本精神神経学会（2015）．テーマ 1：統合失調症とは何か　Retrieved from https://www.jspn.or.jp/modules/advocacy/index.php?content_id=59（2023 年 4 月 22 日閲覧）

Schwing, G.（1940）. *Ein Weg zur Seele des Geisteskranken*. Rascher Verlag.（シュヴィング，G.（著）小川信男・船渡川佐知子（訳）（1966）．精神病者の魂への道　みすず書房）

第 4 章

厚生労働省（2007）．高齢者，青少年の自殺の特徴　第 4 回自殺総合対策の在り方検討会資料 5　Retrieved from https://www.mhlw.go.jp/file/06-Seisakujouhou-12200000-Shakaiengokyokushougaihokenfukushibu/s-5_3.pdf（2023 年 7 月 24 日閲覧）

厚生労働省（2020）．後期高齢者層における自殺をめぐる状況　令和 2 年版自殺対策白書　Retrieved from https://www.mhlw.go.jp/content/r2h-2-4.pdf（2023 年 7 月 24 日閲覧）

厚生労働省（2022）．地域で安心して暮らせる精神保健医療福祉体制の実現に向けた検討会　第 13 回参考資料 1　Retrieved from https://www.mhlw.go.jp/content/12200000/000940708.pdf（2023 年 7 月 24 日閲覧）

厚生労働省（2023）．令和 4（2022）年医療施設（動態）調査・病院報告の概況　Retrieved from https://www.mhlw.go.jp/toukei/saikin/hw/iryosd/22/（2023 年 10 月 11 日閲覧）

厚生労働省自殺対策推進室・警察庁生活安全局生活安全企画課（2023）．令和 4 年中における自殺の状況　Retrieved from https://www.mhlw.go.jp/content/R4kakutei01.pdf（2023 年 5 月 1 日閲覧）

日本弁護士連合会（2023）．精神障害のある人の強制入院をなくそう。STOP！強制入院　日弁連の提言　Retrieved from https://www.nichibenren.or.jp/library/pdf/jfba_info/publication/pamphlet/kyosei_nyuin_haishi.pdf（2023 年 9 月 28 日閲覧）

日本老年学会・日本老年医学会高齢者に関する定義検討ワーキンググループ（2017）．高齢者の定義と区分に関する，日本老年学会・日本老年医学会 高齢者に関する定義検討ワーキンググループからの提言（概要）　Retrieved from https://www.jpn-geriat-soc.or.jp/proposal/pdf/definition_01.pdf（2023 年 5 月 1 日閲覧）

日本精神保健福祉士協会（2019）精神保健福祉士のための退院後生活環境相談員実践ガイドライン（ver.1.1）　Retrieved from https://www.jamhsw.or.jp/ugoki/hokokusyo/201903-guideline.pdf（2023 年 7 月 24 日閲覧）

日本精神保健福祉士協会（2022）．退院後生活環境相談員の業務と退院支援委員会の開催等の実態に関する全国調査報告書　厚生労働省令和 3 年度障害者総合福祉推進事業　Retrieved from https://www.jamhsw.or.jp/ugoki/hokokusyo/202203r3houkoku/all.pdf（2023 年 7 月 24 日閲覧）

武田雅俊・田中稔久（監修）（2007）．絵でみる心の保健室　アルタ出版

第5章

厚生労働省社会・援護局障害保健福祉部（2020）．依存症対策について　Retrieved from https://www.ncasa-japan.jp/pdf/document18.pdf（2023 年 10 月 16 日閲覧）

厚生労働省社会・援護局障害保健福祉部企画課アルコール健康障害対策推進室（2021）．アルコール健康障害対策推進基本計画（第 2 期）について　社会保障審議会障害者部会　第 107 回資料 9　Retrieved from https://www.mhlw.go.jp/content/12601000/000768754.pdf（2023 年 7 月 24 日閲覧）

Miller, W. R., & Rollnick, S. (2002). *Motivational interviewing: Preparing people for change* (2nd ed.). New York: Guilford Press.

内閣官房ギャンブル等依存症対策推進本部事務局（2019）．ギャンブル等依存症対策基本法及び基本計画の概要等について　ギャンブル等依存症対策 都道府県説明会　資料 1　Retrieved from https://www.kantei.go.jp/jp/singi/gambletou_izonsho/setsumeikai/dai1/siryou1.pdf（2023 年 7 月 24 日閲覧）

第6章

警察庁（2021）．令和 2 年中における自殺の状況　Retrieved from https://www.npa.go.jp/publications/statistics/safetylife/jisatsu.html（2023 年 8 月 10 日閲覧）

厚生労働省（2022）．自殺総合対策大綱―誰も自殺に追い込まれることのない社会の実現を目指して―　Retrieved from https://www.mhlw.go.jp/stf/taikou_r041014.html（2023 年 8 月 10 日閲覧）

末木　新（2020）．自殺学入門―幸せな生と死とは何か―　金剛出版

末木　新（2022）．誰も自殺に追い込まれることのない「社会」とはどのようなものか？―自殺学／幸福学の観点から現代日本社会を分析する―　月報司法書士, *602*, 7-14.

末木　新（2023）．政府公表「自殺者数減少」は真実か　山田昌弘（編）「今どきの若者」のリアル（pp. 109-121）　PHP 研究所

第7章

内閣府（2012）．被災者のこころのケア―都道府県対応ガイドライン―　Retrieved from https://www.bousai.go.jp/taisaku/hisaisyagyousei/pdf/kokoro.pdf（2023 年 7 月 24 日閲覧）

夏目　誠・村田　弘（1993）．ライフイベント法とストレス度測定　公衆衛生研究, *42*(3), 402-412.

日本ユニセフ協会（2021）．子どもたちに影響する世界―先進国の子どもの幸福度を形作るものは何か―　イノチェンティレポートカード 16　Retrieved from https://www.unicef.or.jp/library/pdf/labo_rc16j.pdf（2023 年 9 月 27 日閲覧）

日本ユニセフ協会（2022）．子どもたちのメンタルヘルス―子どものメンタルヘルスを促進し，保護し，ケアするために―　世界子供白書 2021 要約版　Retrieved from https://www.unicef.or.jp/sowc/pdf/UNICEF_SOWC_2021.pdf?221208（2023 年 9 月 27 日閲覧）

Worden, J. W. (2008). *Grief counseling and grief therapy: A handbook for the mental health practitioner* (4th ed.). Springer.

矢永由里子（2016）．支援者のサポートのためのサポートガイド―東日本大震災による被災者の支援の一環として―　風間書房

補　論

日本公認心理師協会（2021）．公認心理師の活動状況等に関する調査　厚生労働省令和 2 年度障害者総合福祉推進事業　Retrieved from https://www.mhlw.go.jp/content/12200000/000798636.pdf（2023 年 7 月 24 日閲覧）

下山晴彦（2021）．公認心理師が，なぜ法律を学ぶのか　下山晴彦・岡田裕子・和田仁孝（編）公認心理師への関係行政論ガイド（pp. 1-6）　北大路書房

末木　新（2020）．自殺学入門―幸せな生と死とは何か―　金剛出版

末木　新（2020）．自殺対策の新しい形―インターネット，ゲートキーパー，自殺予防への態度―　ナカニシヤ出版

索引

法 令 一 覧

法令等の内容は刊行時点のものである。

アルコール健康障害対策基本法［平成二十五年法律第百九号］　5章
　　公布日：平成二十五年十二月十三日
　　施行日：令和四年四月一日（平成三十年法律第五十九号による改正）
　　https://elaws.e-gov.go.jp/document?lawid=425AC1000000109
・アルコール健康障害対策推進基本計画　5章
　　令和三年三月
　　https://www.mhlw.go.jp/content/12200000/000760238.pdf
医師の職業倫理指針　1章
　　平成二十年六月
　　https://www.mhlw.go.jp/shingi/2008/10/dl/s1027-12h.pdf
医療法［昭和二十三年法律第二百五号］　1章
　　公布日：昭和二十三年七月三十日
　　施行日：令和五年八月一日（令和五年法律第三十一号による改正）
　　https://elaws.e-gov.go.jp/document?lawid=323AC0000000205
医療保護入院者の退院促進に関する措置について［障発 0124 第 2 号］　4章
　　平成二十六年一月二十四日
　　https://www.mhlw.go.jp/seisakunitsuite/bunya/hukushi_kaigo/shougaishahukushi/
　　kaisei_seisin/dl/tsuuchi-02.pdf
介護保険法［平成九年法律第百二十三号］　1章
　　公布日：平成九年十二月十七日
　　施行日：令和五年五月十九日（令和五年法律第三十一号による改正）
　　https://elaws.e-gov.go.jp/document?lawid=409AC0000000123
覚醒剤取締法［昭和二十六年法律第二百五十二号］　2章
　　公布日：昭和二十六年六月三十日
　　施行日：令和四年六月十七日（令和四年法律第六十八号による改正）
　　https://elaws.e-gov.go.jp/document?lawid=326AC0100000252
学校教育法［昭和二十二年法律第二十六号］　6章
　　公布日：昭和二十二年三月三十一日
　　施行日：令和五年四月一日（令和四年法律第七十六号による改正）
　　https://elaws.e-gov.go.jp/document?lawid=322AC0000000026
ギャンブル等依存症対策基本法　5章
　　公布日：平成三十年七月十三日
　　施行日：令和三年九月一日（令和三年法律第三十六号による改正）
　　https://elaws.e-gov.go.jp/document?lawid=430AC1000000074
・ギャンブル等依存症対策推進基本計画　5章
　　令和四年三月二十五日
　　https://www.kantei.go.jp/jp/singi/gambletou_izonsho/pdf/kihon_keikaku_
　　honbun_20220325.pdf
公認心理師法［平成二十七年法律第六十八号］　序章, 補論
　　公布日：平成二十七年九月十六日
　　施行日：令和四年六月十七日（令和四年法律第六十八号による改正）
　　https://elaws.e-gov.go.jp/document?lawid=427AC1000000068

高齢者の医療の確保に関する法律 ［昭和五十七年法律第八十号］ 4章
　　公布日：昭和五十七年八月十七日
　　施行日：令和五年六月九日（令和五年法律第四十八号による改正）
　　https://elaws.e-gov.go.jp/document?lawid=357AC0000000080

災害・紛争等緊急時における精神保健・心理的社会支援に関するIASCガイドライン 7章
　　2007年
　　https://interagencystandingcommittee.org/system/files/iasc_mhpss_guidelines_
　　japanese_final.pdf

自殺対策基本法 ［平成十八年法律第八十五号］ 6章, 補論
　　公布日：平成十八年六月二十一日
　　施行日：平成二十八年四月一日（平成二十八年法律第十一号による改正）
　　https://elaws.e-gov.go.jp/document?lawid=418AC0100000085

障害者基本法 ［昭和四十五年法律第八十四号］ 2章
　　公布日：昭和四十五年五月二十一日
　　施行日：平成二十八年四月一日（平成二十五年法律第六十五号による改正）
　　https://elaws.e-gov.go.jp/document?lawid=345AC1000000084

障害者虐待の防止，障害者の養護者に対する支援等に関する法律（障害者虐待防止法） ［平成二十三年法律第七十九号］ 2章
　　公布日：平成二十三年六月二十四日
　　施行日：令和五年四月一日（令和四年法律第七十六号による改正）
　　https://elaws.e-gov.go.jp/document?lawid=423AC1000000079

障害者の雇用の促進等に関する法律（障害者雇用促進法） ［昭和三十五年法律第百二十三号］ 補論
　　公布日：昭和三十五年七月二十五日
　　施行日：令和五年四月一日（令和四年法律第百四号による改正）
　　https://elaws.e-gov.go.jp/document?lawid=335AC0000000123

障害者の日常生活及び社会生活を総合的に支援するための法律（障害者総合支援法） ［平成十七年法律第百二十三号］ 2章, 補論
　　公布日：平成十七年十一月七日
　　施行日：令和五年四月一日（令和四年法律第百四号による改正）
　　https://elaws.e-gov.go.jp/document?lawid=417AC0000000123

新型インフルエンザ等対策特別措置法（新型コロナウイルス対策の特別措置法） ［平成二十四年法律第三十一号］ Column2
　　公布日：平成二十四年五月十一日
　　施行日：令和五年九月一日（令和五年法律第十四号による改正）
　　https://elaws.e-gov.go.jp/document?lawid=424AC0000000031

心神喪失等の状態で重大な他害行為を行った者の医療及び観察等に関する法律（医療観察法） 2章
　　公布日：平成十五年七月十六日
　　施行日：令和五年七月十三日（令和五年法律第六十六号による改正）
　　https://elaws.e-gov.go.jp/document?lawid=415AC0000000110

精神保健及び精神障害者福祉に関する法律（精神保健福祉法） ［昭和二十五年法律第百二十三号］ 2章, 3章, 4章, 補論
　　公布日：昭和二十五年五月一日

施行日：令和五年四月一日（令和四年法律第百四号による改正）

https://elaws.e-gov.go.jp/document?lawid=325AC0100000123

・精神保健及び精神障害者福祉に関する法律施行規則（精神保健福祉法施行規則）［昭和二十五年厚生省令第三十一号］　4章

公布日：昭和二十五年六月二十四日

施行日：令和五年四月一日（令和五年厚生労働省令第四十八号による改正）

https://elaws.e-gov.go.jp/document?lawid=325M50000100031

・精神保健及び精神障害者福祉に関する法律第三十七条第一項の規定に基づき厚生労働大臣が定める基準［厚生省告示第百三十号］　3章

昭和六十三年四月八日

https://www.mhlw.go.jp/web/t_doc?dataId=80136000&dataType=0

特定複合観光施設区域の整備の推進に関する法律（IR推進法）［平成二十八年法律第百十五号］　5章

公布日：平成二十八年十二月二十六日

施行日：令和三年九月一日（令和三年法律第三十六号による改正）

https://elaws.e-gov.go.jp/document?lawid=428AC1000000115

被災者生活再建支援法［平成十年法律第六十六号］　7章

公布日：平成十年五月二十二日

施行日：令和四年六月十七日（令和四年法律第六十八号による改正）

https://elaws.e-gov.go.jp/document?lawid=410AC0100000066

被災者のこころのケア都道府県対応ガイドライン　7章

平成二十四年三月

https://www.bousai.go.jp/taisaku/hisaisyagyousei/pdf/kokoro.pdf

執筆者一覧　＊は編著者

髙坂　康雅＊（和光大学現代人間学部　教授）

　　　序章，第1章〜第4章，第7章

末木　新（和光大学現代人間学部　教授）

　　　第5章，第6章，補論

小松　賢亮（和光大学現代人間学部　准教授）

　　　第1章（事例を読む，ワーク），第2章（事例を読む，ワーク，コラム），第3章（事例を読む，ワーク，コラム），第4章（事例を読む，ワーク），第7章（事例を読む，ワーク，コラム）

編著者紹介

髙坂　康雅（こうさか・やすまさ）
2009 年　筑波大学大学院人間総合科学研究科心理学専攻修了
現　在　和光大学現代人間学部教授（心理学博士），公認心理師

〈主著・論文〉
思春期における不登校支援の理論と実践—適応支援室「いぐお〜る」の挑戦（共著）　ナカニシヤ出版　2016 年
恋愛心理学特論—恋愛する青年／しない青年の読み解き方　福村出版　2016 年
レクチャー青年心理学—学んでほしい・教えてほしい青年心理学の 15 のテーマ（共著）　風間書房　2017 年
ノードとしての青年期（共著）　ナカニシヤ出版　2018 年
公認心理師試験対策総ざらい　実力はかる 5 肢選択問題 360　福村出版　2021 年
深掘り！ 関係行政論　教育分野—公認心理師必携　北大路書房　2021 年
第 2 版　本番さながら！公認心理師試験予想問題厳選 200　メディカ出版　2022 年
深掘り！ 関係行政論　産業・労働分野—公認心理師必携　北大路書房　2023 年

深掘り！ 関係行政論　保健・医療分野
——公認心理師必携——

2024 年 1 月 10 日　初版第 1 刷印刷	定価はカバーに表示してあります。
2024 年 1 月 20 日　初版第 1 刷発行	落丁・乱丁本はお取り替えいたします。

編著者　　　髙坂　康雅
発行所　　　㈱北大路書房

〒 603-8303　京都市北区紫野十二坊町 12-8
電話　（075）431-0361㈹　　振替　01050-4-2083
FAX　（075）431-9393

装幀／野田和浩
ⓒ 2024　検印省略　印刷・製本／創栄図書印刷（株）
ISBN978-4-7628-3243-7　　Printed in Japan

深掘り！関係行政論 シリーズ

◆◆◆◆◆◆◆◆◆◆◆◆◆ 好 評 既 刊 書 ◆◆◆◆◆◆◆◆◆◆

深掘り！関係行政論
教育分野 ── 公認心理師必携 ──

髙坂康雅（著）A5判・184頁・本体価格2200円＋税
ISBN978-4-7628-3178-2

働いてからも使える！ 心理職の「下地」をつくる法制度入門書，第1弾。学校等の教育分野で求められる法律やガイドラインを，いじめ，不登校，特別支援教育，災害時の心のケアなどのテーマ別に解説する。最新データや支援方法の事例も紹介し，学校という固有の文化で成り立つ場での行動指針を提供。心理実習の学びにも最適。

■ 主な目次

序 章 公認心理師とは
　　　　──公認心理師法──

第1章 教育とは何か
　　　　──日本国憲法・教育基本法・学校教育法──

第2章 子どもの心身の健康を守る
　　　　──学校保健安全法──

第3章 子どものいじめを予防する
　　　　──いじめ防止対策推進法──

第4章 不登校の子どもを支援する
　　　　──教育機会確保法──

第5章 障害などを有する子どもを支援する
　　　　──特別支援教育──

深掘り！関係行政論
産業・労働分野 ── 公認心理師必携 ──

髙坂康雅（編著）A5判・264頁・本体価格2700円＋税
ISBN978-4-7628-3228-4

働いてからも使える！ 心理職の「下地」をつくる法制度入門書，第2弾。企業内や外部EAP機関等の産業・労働分野で求められる法律やガイドラインを，労働者のメンタルヘルス，性別を問わない働き方，ハラスメント，過労死，職場復帰などのテーマ別に解説する。最新データや支援方法の事例も紹介，心理実習の学びにも最適。

■ 主な目次

序 章 公認心理師と産業・労働分野
　　　　──公認心理師法──

第1章 労働とは何か
　　　　──労働基準法──

第2章 労働者のメンタルヘルスを守る
　　　　──職場における心の健康づくり──

第3章 労働者の安全を支える
　　　　──労働安全衛生法──

第4章 性別を問わない働き方を進める
　　　　──男女雇用機会均等法と育児・介護休業法──

第5章 ハラスメントから労働者を守る
　　　　──労働施策総合推進法──

第6章 過労死等から労働者を守る
　　　　──過労死等防止対策推進法──

第7章 労働者の職場復帰を支援する
　　　　──職場復帰支援──

補 論 産業・労働分野で働くために知っておくべきこと